驳阿皮安

Against Apion

约瑟夫
著作全集

[古罗马] 约瑟夫（Flavius Josephus）——著　　　吴轶凡——译　　　黄锡木——审校　　上海三联书店

约瑟夫生平

约瑟夫出身于犹太人祭司家庭，是一位军官，也是一位学者。

约瑟夫本名"约瑟·便·马提亚"（Joseph Ben Matthias），按其名，是马提亚之子。他于公元 37 年出生在耶路撒冷，在耶稣受难后不久，其时正是罗马人占领犹太地。他精研犹太律法，二十多岁就被差派至罗马，商讨被尼禄皇帝（Emperor Nero）所关押的几个祭司的释放问题。在他完成任务返回家乡后，发现自己的民族已经开始了对罗马政府的反抗。

后来，他被征召成为加利利地区反抗罗马的指挥官。公元 67 年，他防守的约他帕他城（Jotapata）在被围困四十七天之后，被罗马将军韦斯巴芗（Vespasian）攻陷。当时，他与一群人藏在山洞中，准备自杀，后来却奇迹般生还。

在被韦斯巴芗捉拿时，约瑟夫表现得如同一名先知，他预言说，这场战争是源于一个"启示"，内中提及一位世界性的领袖将要兴起，就是韦斯巴芗，他将成为日后的罗马皇帝。韦斯巴芗很喜欢这个"预言"，约瑟夫因此得以免于一死。日后，当这预言成真，韦斯巴芗登基称帝时，他慷慨地奖赏约瑟夫，并赐给他韦斯巴芗的家族名字"弗拉维斯"（Flavius）。

这样，约瑟夫就有了他正式的拉丁文名字"弗拉维斯·约瑟夫"(Flavius Josephus)。

在此后的战争期间，约瑟夫始终辅佐韦斯巴芗之子，就是罗马将军提图斯(Titus)。约瑟夫了解犹太民族，并且擅长与激烈反抗罗马的团体沟通，因此，他被自己的民族称为叛徒。他也因此无法说服耶路撒冷城的防守者出城投降，约瑟夫最终成为耶路撒冷城和圣殿被毁的一名见证人。

在弗拉维斯王朝的保护之下，韦斯巴芗邀请约瑟夫写一部他所见证的战争史。他在公元 78 年完成了这部战争史，称为《犹太战记》(*The Jewish War*)。这部战争史达到了警告通国的功效，让犹太人不敢再愚昧地反抗。他先以亚兰文撰写，之后再由他人翻译为希腊文。

约瑟夫随后坚持学习希腊文，定意用希腊文写一本介绍犹太民族历史的宏伟著作，呈现给非犹太民族的读者。他的中心思想是"犹太文化、历史，以及希伯来圣经的长远和长久，远超过其他任何存在的历史文化"。他将此书称为《犹太古史》(*The Jewish Antiquities*)，包含了从旧约圣经之起始，直到公元 1 世纪的整个犹太历史。其中有一半内容是重述希伯来人的圣经，并大量引用其他历史学家对这些历史的评注；另一半内容是记叙史实，且加入了自己的评注。这本著作于公元 93—94 年完成，约瑟夫当时大约五十六岁。

虽然许多人对约瑟夫的评价是爱恨两极，但他确实是一位历史的见证人。他的作品被公认为具有权威性，直到今天，他的作品仍是了解世界历史关键点的一把钥匙。

约瑟夫著作

约瑟夫（Flavius Josephus）的著作是除了新约圣经和旧约次经之外，唯一来自公元 1 世纪的详尽历史资料，是了解公元前 3 世纪至公元 1 世纪巴勒斯坦社会、宗教、文化和历史背景的必读参考作品。其篇幅是新约圣经和旧约次经合并的数倍。存留至今的四部作品都是约瑟夫定居罗马时期所写的，包括《犹太战记》《犹太古史》《约瑟夫自传》和《驳阿皮安》。《犹太古史》属于历史重写，从远古时代追溯至作者的时代；《犹太战记》则集中见证和记载公元 1 世纪犹太人起义的经过。按约瑟夫著作所提供的资料，他还至少写了五部篇幅较小的作品，但存留下来的只有《约瑟夫自传》和《驳阿皮安》，是以不同体裁撰写的自辩，大多数学者认为属于约瑟夫晚年的作品。

约瑟夫首先写的肯定是《犹太战记》。第一部手稿用亚兰文写成，已经遗失，主要是为上叙利亚（Upper Syria）的居民写的（《犹太战记》1.3）。后来，约瑟夫被软禁在韦斯巴芗以前住过的宫殿，并领取抚恤金。很可能是由于他的王室赞助人"鼓励"他用文字来为自己辩护，另一方面也是为了警告罗马帝国东部地区的人们，告诉他们继续造反是徒劳无效的，于是约瑟夫撰写了第二部手稿，这部手稿内容可能更加丰富。在写作助手的帮助下，约瑟夫完成了这部作品的希腊文版本。在韦斯巴芗统治末期，大约公元75—79年之间，《犹太战记》问世。

约瑟夫的第二部作品《犹太古史》于公元93—94年问世，写作时间与第一部作品相隔大约十六年。毫无疑问，约瑟夫是利用这段时间来收集材料，为第二部巨作做准备。但也可能有另外一个原因，导致约瑟夫在文学写作上出现如此漫长的停顿期。图密善（Domitian）特别反对文学，因此当时历史学家的处境岌岌可危。在图密善统治的整个期间，塔西陀（Tacitus）、普林尼（Pliny）和尤维纳利斯（Juvenal）等作家都选择保持沉默。失去王室赞助的约瑟夫，又找到另一位赞助人，叫以巴弗提（Epaphroditus）。以巴弗提很可能是一位语法学家和研究荷马（Homer）的作家，拥有一个大型的图书馆。约瑟夫后来所有的作品都题献给这位以巴弗提。

在《犹太古史》的结尾（20.267及后面的内容），约瑟夫告诉读者他还有两项写作计划：（1）对犹太战争的简要概述和犹太民族战后的历史；（2）"三卷以我们犹太人的观点来看神、他的本质以及我们律法的书，探讨为何按照律法，我们可以做某些事，也被禁止做另外一些事"。显然，这两部作品都没有出版。但是第二部作品〔在其他地方约瑟夫也将其称作《风俗和理由》（*On Customs and Causes*）〕应当已经在约瑟夫的脑海中成形，并且完成了部分手稿，这可以从约瑟夫提到有三卷书的话，以及《犹太古史》零星提到的有关内容中推断出来①。

---

① 优西比乌（《教会史》3.10）和另一些古代学者还把《马加比四书》归为约瑟夫的作品。

约瑟夫的两部短篇作品,至少从它们现有的形式来看,应当是约瑟夫最后的两部作品。

这两部作品是在约瑟夫晚年时发表的,当时处于公元 2 世纪初图拉真皇帝(Emperor Trajan)统治时期,约瑟夫年近六十八岁。《约瑟夫自传》(以下简称《自传》)的记述一直延续到公元 2 世纪,因为文中提到在亚基帕二世死后,出现了另一位写犹太战争史的历史学家,是约瑟夫的竞争对手。我们知道,亚基帕二世是在公元 100 年去世的。《驳阿皮安》(拉丁文:Contra Apionem)的写作时期肯定晚于公元 94 年,也就是晚于《犹太古史》的写作时间,因为约瑟夫在《驳阿皮安》中提到了《犹太古史》(1.1.54,2.287)。这部作品同样提到一位写犹太战争史的历史学家,也是与约瑟夫立场相左的。虽然文中没有提到他的名字,但显然约瑟夫强烈抨击的这位历史学家,就是《自传》中所提到的尤斯图斯(Justus)。因此,《驳阿皮安》应当是在公元 2 世纪初发表的。

这两部作品形成奇特的对比:我们看到约瑟夫最差的一面,也看到他最好的一面。这两个方面都颇具争议,《自传》是为自己辩护,《驳阿皮安》则是为自己的民族辩护。但是在写作风格、内容编排以及处理手法上,这两部作品迥然不同,很难想象它们是同一位作者在同一时期的作品。

写传记或自传可说是现今名人的时尚,但在古典时期则不甚普及。人物传记早于希罗时期(公元前 250—公元 100 年)甚或更早就有。这些古希腊传记记述了许多著名历史人物的生活言行,例如苏格拉底(约公元前 5 世纪)和爱比克泰德(约公元 60—138 年)等。自传则属罕有,以至很多人以为教父奥古斯丁的《忏悔录》是自传文学的始祖,亦是一般人记忆中最经典的自传。其实，在罗马时期也有自传的例子，例如古罗马历史学家塔西佗（公元 56—120 年）著作中提及，鲁弗斯（Publius Rutilius Rufus，约公元前 158—前 77 年）和司考鲁斯（Marcus Aemilius Scaurus，约公元前 162—前 89 年）曾经写过自传，但他们的著作不为人所欣赏，可能在塔西佗时期就已经散失了。如此看来，《约瑟夫自传》或许是留存至今的古代自传文献中最早的一部。很明显，约瑟夫写《自传》的目的是为作出自辩：当时有同行作家公然诋毁约瑟夫，认为他在犹太人起义的开头有参与煽动民众之嫌，这可影响到他在罗马的生活和安全；此外，《自传》也是说明，他写《犹太古史》并非只是像一个无情的历史学家作考古式的记载，他是以一个热爱自己民族的犹太人身份去撰写这部长达六万行、二十卷的《古史》。

约瑟夫的这本《自传》（拉丁文：Vita），可能是《犹太古史》的附录，未见于《犹太古史》初版，大概是以后再版时补上的。这是从《犹太古史》二十卷结尾的段落中自然得出的结论。在结尾的开始，约瑟夫写道（259节）：“现在，我要为这本古史做个总结”；然后，经过一些扼要的重述和自我表彰，约瑟夫接着写道（266 节）：“或许我应当趁着还有活着的人可以反驳或证实我的话时，简短地回顾我的家族历史和个人生平，我想这样做应该不至于招人反感吧。”随后约瑟夫第二次结束整部作品，他先写道（267 节）：“我将以此作为这本古史的结尾”，然后注明写作的确切时间：“图密善统治的第十三年，也就是我生命的第五十六年”，即公元 93—94年。然而，正如前面已经提到，《自传》这部作品的出现应当晚于公元100 年。显然，这部作品有两个不同的结束语，约瑟夫保留了原来的结尾，但是在这个结尾前面，添加了第二版手稿的结论，为他的新作品《自传》做铺垫。

约瑟夫之所以要把他的自传作为《犹太古史》的附录，是因为还有一个犹太人，就是提比哩亚的尤斯图斯，也出版了一部关于犹太战争的历史书，并且和约瑟夫的立场相左。尤斯图斯指控约瑟夫煽动他（尤斯图斯）所出生的城市（提比哩亚）起来背叛罗马（336节及后面的内容）。尤斯图斯诋毁性的批判是对约瑟夫的刻意中伤，不仅影响约瑟夫作品的销售，也威胁到约瑟夫在罗马的安全地位。约瑟夫需要立刻做出回应，反驳尤斯图斯的批评，于是就出现了这部《自传》。应当说，这是一部名不符实的作品，因为它不是一部完整的自传。《自传》的内容主要集中在约瑟夫担任加利利的指挥官，直到约他帕他被围困那半年的时间，约瑟夫重点为自己在那半年的行为做出辩护。在这个基础上，约瑟夫又概括描述了自己青年时代在巴勒斯坦的生活，以及晚年在罗马的生活，作为《自传》的序言和结尾。在这部作品中，约瑟夫不惜用大量笔墨描述自己的荣耀，几乎达到极点。

最近有一个新提出的理论，可以解释《自传》在内容和风格上的缺陷。荷尔·拉奎尔（Herr Laqueur）坚持认为，《自传》的核心部分不是约瑟夫晚期的作品，而是约瑟夫最早的作品之一。约瑟夫写这部分内容的时候不是五十六岁，而是三十岁。根据拉奎尔的意见，这是约瑟夫在约他帕他被围困前撰写的一份官方报告，汇报自己在加利利的行事为人，然后递交给耶路撒冷的当权者。这是约瑟夫为自己所做的辩护，因为吉斯卡拉的约阿内斯（Joannes of Gischala）和其他人一直指控他的专制统治方式，对他进行谴责。这个理论的成立，部分是因为《自传》的大部分内容集中在加利利的这段时期，部分是因为通过比较《自传》和《犹太战记》，拉奎尔发现在同样事件的记录上，存在若干相同的语句。拉奎尔试图证明，《自传》是约瑟夫早期的记录，在内容上更值得信赖。这份质朴无华的报告在当时没有派上用场，但是当一切都过去之后，它被用来对付尤斯图斯的攻击。约瑟夫把它略作修改，编成一部自传。拉奎尔的理论很吸引人。但是，如果说约瑟夫一直保留了他在加利利任职期间所记录的资料，这应该是不可能的事情。如果拉奎尔的理论是正确的，那么我们在《自传》的记录中，应当可以发现约瑟夫在未受到他的罗马文友影响前写作风格的痕迹。应当说，整篇《自传》都是约瑟夫晚期的作品，如果是这样的话，这篇作品在写作风格上的缺陷，主要是因为它是约瑟夫在匆忙中完成的，没有邀请之前的写作助手予以协助（参《驳阿皮安》1.50）。事实上，拉奎尔的理论切断了《自传》和《犹太古史》之间的关系，因为《自传》在很大程度上延续了《犹太古史》最后一卷书的写作风格，应当说，两者是同一时期的作品，或几乎是同一时期的作品。这样看来，拉奎尔的理论只有一种站得住脚的可能性，即约瑟夫青年时代的"报告"是用亚兰文写的。

《驳阿皮安》是约瑟夫所有著作中最引人入胜的一部作品，这也可以作为对《自传》写作缺陷的一种弥补。《驳阿皮安》体现了作者精心的构思，卓越的写作技巧，对希腊哲学和希腊诗歌的精通，以及他对自己民族真诚而热烈的情感。《驳阿皮安》并非为约瑟夫自己，而是为他的民族传统辩护。在这部作品中，约瑟夫为犹太教辩护，回应当时对犹太民族的一些流行偏见，同时亦回应外界对《犹太古史》的批评，论证了犹太民族古老的历史。作品的标题为后人所加，《驳阿皮安》是今天一般使用的书名，并非十分适合，因为阿皮安只是当时反对以色列人的其中一个代表，事实上,是否真有其人也很难断定。这部作品从前的标题是"论犹太人古老的历史"或"驳希腊人"。其真正用意可能不是为"驳斥"某人,而是向"外邦"(即非犹太)社会介绍和推崇犹太智慧和哲学。罗马社会的知识分子对传统犹太人思想的态度显然各有不同,有人崇尚,但公然诋毁和鄙视的也不少。前文提及的塔西佗(《历史》5.1-13)就曾公开批评犹太文化和习俗(例如割礼以及犹太宗教的一些排外行动);犹太人起义失败后,罗马社会对犹太宗教和传统的看法就更加负面了。在这八万多字的论述中,我们可以见证约瑟夫如何忠于自己的民族、信念和传统,也在在展现出他对希腊文化和哲学的认知并不下于当时的哲学家。

从《驳阿皮安》中,我们可以饶有兴趣地洞察公元 1 世纪的反闪族倾向和思想。约瑟夫批判了希腊人眼中的古代历史,并解释了为什么这些历史都没有提到犹太人。然后,约瑟夫收集了一系列证据(来自埃及、腓尼基、巴比伦和希腊的资料),证明犹太民族古老的历史,并且成功地证明了反对闪族的言论纯粹是恶意和荒谬的谎言。在此篇的最后,约瑟夫热烈地为律法颁布者摩西和他所颁布的律法进行辩护,摩西对神的观念崇高伟大,与希腊文化中流行的不道德思想形成鲜明对比。《驳阿皮安》引用了大量遗失作品中的内容,从而使这部著作具有特殊的价值。

《犹太古史》依据 William Whiston 的英文译本 *The Jewish Antiquities* 翻译,同时参考了希腊文版本。《自传》和《驳阿皮安》依据 H. St. J. Thackeray 的英文译本 *Josephus with an English Translation* (William Heinemann,1926)翻译,并参照希腊文版本进行了审校。《自传》翻译过程中亦参考了 Steve Mason 的英文译本 *Life of Josephus* (Translation and commentary by Steve Mason,Brill,2001)。所参照的

希腊文版本是：Niese，B.（1888—   ）. *FlaviiIosephi opera recognovit Benedictvs Niese* ... Berolini：apvd Weidmannos，见于 Thackeray 的希英对照版。众所周知，Niese 所依据的抄本并非最好的，但就目前情况而言，也只能用这个古老版本了。

黄锡木

驳阿皮安

第一卷

写作背景和写作计划

1. (1)尊贵的以巴弗提,在我写的《犹太古史》这本书中,我已经相当清楚地记录了我们犹太民族古老的历史,犹太人纯正的血统,以及现今犹太人在定居的地方保持自己本色的行为典范,我相信,任何仔细阅读这部作品的人都会同意这一点。我的叙述非常清楚。《犹太古史》记述了犹太人跨越五千年的历史①,我是在犹太民族神圣经书的基础上,用希腊文记述了这段历史。(2)然而,我发现有许多人受到少数人恶意毁谤的影响,不相信我在这本书中记载的犹太民族的古老历史。他们还引证说,许多最著名的希腊历史学家都没有提到犹太人的历史,从而得出一个结论:犹太民族是一个相对现代的民族。(3)因此,我认为自己有责任专门写一篇简短的论文,反驳所有这些观点。一方面为了证明那些毁谤犹太民族之人的罪行,他们阴险恶毒,存心撒谎;另一方面为了纠正他人的无知,同时教导那些渴望了解我们民族古老历史真相的人。(4)

---

① 《犹太古史》1.13 中也是同样的年数。——英译者注(本书注释,除非另外标注,均为 H. St. J. Thackeray 译本的注释,以下不再注明。)

作为对我陈述的见证,我将提名在希腊文化上享有盛誉的历史作家。那些用恶劣和虚假的话反对犹太人的作家,我要用他们自己的话驳斥他们的观点。(5)我还将进一步给出各种理由,解释为什么只有少数希腊历史作家提到犹太人的历史。与此同时,我也会介绍那些没有忽略犹太人历史的作家,告诉那些不知道或假装不知道犹太人历史的人。

希腊人算不上是研究古代历史的人

2.(6)现在有一种舆论:在远古历史的研究中,只有希腊人的历史真正值得认真关注,人们必须从希腊的历史中去寻求真理。这种舆论认为,在这个世界上,没有其他民族值得信任,犹太民族也不例外。对于这种舆论,我的第一反应是极度惊讶。在我看来,事实恰恰相反。当然必须声明,前提是不让空洞的偏见带领自己,而是实事求是,从事实中汲取真理。(7)因为在希腊人的世界中,所有的事情都被认为是在当代发生的①,也就是说,每件事情的发生时间不是昨天,就是前天。我讲的是希腊城市的建设、艺术的发明、法律体系的起草编辑。然而在希腊人所有的成就中,最新近的,或者几乎是最新近的,恰恰是他们对历史过程的关注。(8)与此相反,正如希腊人自己也承认,埃及人、迦勒底人、腓尼基人——我暂时在清单中忽略我们的民族——都拥有非常古老的历史,并

---

① 在这章和下一章中(注意约瑟夫在第 10 节提到了"灾难"),约瑟夫借用了柏拉图在 *Timaeus*,22 B 和 C 中的用词:一位埃及祭司向梭伦(Solon)谈论过类似的话题,就是希腊人的当代情怀。

且都保留了过去事件的记载。(9)因为这些民族居住的国家都极少受到环境的侵蚀,所以他们很小心地保留自己民族的历史,不让后人忘记历史上的事件,而总是让最伟大的圣贤记录下这些事件,让它们在官方的记载中闪烁光芒。(10)与此相反,希腊的土地经历过无数的灾难①,湮没了人们对过去的记忆。随着一个文明接替另一个文明,每个时代的人都认为世界是从他们的时代开始的。希腊人在字母的学习上是后来者,他们发现学习字母非常困难。而那些最早使用字母的希腊人,他们很自豪地承认自己是腓尼基人(Phoenicians)和加玛斯人(Cadmus)的学生②。

(11)然而,即使最早使用字母的希腊历史时期,现在也找不到当时的任何书面记录——无论是在神庙还是公共纪念碑上;许多年后,那些参与特洛伊战争(Trojan campaign)的人是否会用字母,我们知道这仍然是一个颇有争议和分歧的问题。事实上,很可能那时的人并不知道今天的书写方式,这也是现在流行的观点。(12)纵观整个希腊文学历史,没有一部写作时期不受争议的文学作品比荷马的诗歌更加古老。尽管如此,荷马的时期显然晚于特洛伊战争;而且即使是荷马,据说也没有把他的诗歌写下来。一开始这些诗歌只是流传在人们的记忆里,直到后来人们才把分散的诗歌汇集起来,所以造成这部作品很多前后不一致的地方③。

(13)此外,[第一批]尝试用文字记录历史的希腊作者,比如阿尔戈斯的

---

① 也许是指奥奇其斯(Ogyges)时代的大洪水和丢加良(Deucalion)洪水的故事等等。

② 参希罗多德《历史》5.58。

③ 荷马的诗歌是根据后人的记忆编辑的,不是根据他本人亲笔写作。这些记忆片段被整理成歌曲形式,好像是荷马吟唱的一段段的歌谣,而不是彼此（转下页）

亚古西拉斯（Acusilaus of Argos）和米利都的加玛斯（Cadmus of Miletus）①，以及其他被提到的年代较晚的作家，他们都生活在波斯入侵希腊之前的那段时间。（14）此外，第一批论述天体②和神明主题的希腊哲学家，比如锡罗斯的斐瑞居德（Pherecydes of Syros）、毕达哥拉斯（Pythagoras）和泰勒斯（Thales），在他们残留的少数作品中，都承认自己是埃及人和迦勒底人的门徒，这是全世界公认的。希腊人认为这些哲学家的作品是最古老的，他们甚至怀疑这些作品的真实性。

不同希腊历史学家之间的分歧

3. （15）因此，可以肯定地说，希腊人受到这样的蒙蔽是非常荒谬的。他们竟然认为自己是唯一了解古代历史的民族，也是自身历史唯一准确的报导者。任何人都可以从历史学家的作品中轻易地发现，其实历史学家的作品本身并不是确信知识的基础，每个作者只是根据自己的推想来表达事实。很多时候，他们的作品会自相矛盾，对于同样的事情会出现截然不同的叙述。（16）希兰尼古斯（Hellanicus）③和亚古西拉斯在家谱的记录上存在分歧④，亚古西拉斯多次纠正赫西俄德（Hesiod）的错

（接上页）相关的完整作品。这是古代注经家一致公认的观点，但现代学者不这样认为。——中译者注

① 公元前6世纪的作家。

② 天界生命的存在。

③ 来自米蒂利尼（Mitylene），公元前5世纪的历史学家，希罗多德的同代人。

④ 这个家谱把有关希腊人来源的传统排列了出来。

误,随后埃弗罗斯(Ephorus)①揭露了希兰尼古斯在很多文章中的谎言,蒂迈欧(Timaeus)②又揭露了埃弗罗斯的谎言,后来的作者又揭露了蒂迈欧的谎言,至于希罗多德(Herodotus)③,每个人都知道他的谎言。我无需花更多时间长篇大论,因为读者比我知道得更清楚。(17)即使关于西西里岛人(Sicilian)的历史,蒂迈欧也坚决表示反对安提阿古(Antiochus)④、非利士图(Philistus)和加里亚斯(Callias)的说法。此外,关于雅典的历史也存在很多类似的分歧,比如谁是《阿提卡》(Atthides)⑤的

---

① 公元前 4 世纪中后期的历史学家,伊索克拉底(Isocrates)的门生。

② 约公元前 352—256 年。他曾为自己的故乡西西里岛撰写了一部历史巨著(到公元前 264 年)。有"挑刺者"的绰号,被后来的罗马历史学家波利比乌(Polybius)所批评。

③ 伟大的希腊历史学家希罗多德(公元前 485—425 年)有"历史研究之父"的称号,约瑟夫对他的评价是值得关注的。事实上有不少古代史学家对希罗多德也有相当多的负面批评。例如以撰写古埃及历史闻名的学者曼尼托(Manetho)批评希罗多德对埃及的记载错误百出。著名的罗马地理学家和史学家斯特拉波(Strabo)也表达了同感。最为触目的评论是,以记载波斯王赛勒斯(或译古利奈)历史出名的色诺芬(Xenophon,公元前 434—355 年)认为,希罗多德是以(浪漫)小说的表达方式来记载有关事迹。希罗多德在《历史》一书中甚少记载犹太人的事迹,他对那些奇闻轶事的兴趣远远超过对有价值事情的关注。现代学者对希罗多德《历史》的记载态度颇为谨慎,往往必须要以其他证据作为支持。——中译者注

④ 公元 4 世纪的叙拉古人(Syracuse,西西里岛港口城市),编写了西西里岛(到公元前 424 年)和意大利的历史。非利士图和加里亚斯也都是叙拉古人(公元前 4—3 世纪)。

⑤ 关于阿提卡(Attica,古代希腊中东部地区)的历史和地理著作。可能的作者包括 Philochorus、Demon 以及 Ister。

作者;在阿尔戈斯（Argos）历史的问题上，他们的历史学家也存在不同意见。（18）在这些一流作者的笔下，连波斯人入侵和与此相关的事件的描述都存在不同，还有什么必要去提名各个城邦的历史，以及那些不算重要的事件呢？在很多事情上，即使修昔底德（Thucydides）都被一些评论家认为存在错误，他还是那个时代公认的记录历史最准确的作家。

分歧原因之一：希腊人忽略保留公共记录

4.（19）关于这么多矛盾和分歧，如果一个人专心研究，可能会找到很多其他的原因。但是对于我来说，我将着重讨论下面两个原因。首先，我将论述我自己认为比较根本的一个原因。（20）后代的历史学家热心编写古代历史时发生错误的主要责任，以及他们习惯撒谎的原因，主要还是在于从前的希腊人忽略保留对时事的官方记录。（21）这种忽略不仅存在于较小的希腊城邦，即使在那些希腊土生土长（autochthonous），并且以勤奋好学著称的雅典人当中，我们也没有发现古代历史的官方记录。雅典人最古老的公众记录是德拉古（Dracon，约公元前 621 年）为他们起草的有关杀人的法律。（22）德拉古生活在庇西特拉图（Pisistratus 或 Peisistratus）专政统治之前①。至于阿卡迪人

---

① 德拉古（活跃于公元前 621 年）是古雅典时期最早的立法者之一。庇西特拉图生于公元前 7 世纪末，于公元前 546 年至前 527/8 年为雅典僭主（tyrant）。
——中译者注

（Arcadians）①和他们引以为傲的古代历史（公元前560年），我就不需要说了，因为即使到了比较晚的时期，他们都几乎不会书写字母。

分歧原因之二：希腊历史作家关心作品的风格，不关心历史的准确性

5. （23）因此，不同历史学家的作品之间存在分歧，主要原因就是缺乏任何书面记录的基础。如果有书面记录的存在，热心学习的人就能够立刻得到教导，也能驳倒那些谎言。然而，除此以外，我认为还有第二个原因。（24）那些下笔草率的历史学家并不那么关心发掘历史真相，尽管他们的专业应当如此，他们更关注如何表现他们的文学才能，而且他们对题材的选择取决于这个题材是否可以让他们压倒对手，脱颖而出②。（25）一些人把历史写成神话；一些人为了成名，在历史中赞扬城邦或君主；还有一些人批评事实或其他历史作家，以此作为成名的途径。概括地说，他们的方法无非一种，就是扭曲历史的本质。（26）历史准确性的证据，就是在同一件事情的描述上，无论是口头的描述，还是书面的描述，存在普遍的一致性。与此相反，希腊的历史作家为了证明自己的观点最真实，反而对同一件事情给予不同的描述。（27）当然，谈到修辞和文学才能，我们承认自己不如希腊历史作家，但是对于古代历史的准确性而言，我们并不需要修辞和文学才能，至少是当我们讨论个别外国历史的时候。

---

① 也被认为是"土生土长的"，参希罗多德《历史》8.73。
② 参《犹太古史》1.2。

犹太人的圣经和圣经得到的关注

6. （28）从最古老的时代开始，埃及人和巴比伦人就非常关注自己国家的编年史。在埃及，记录和解释编年史是祭司的责任；在巴比伦国是迦勒底人的责任。而在那些和希腊有往来的国家中，是腓尼基人开始大量使用文字来书写。他们不仅记录日常生活，也记录公共事件作为纪念。关于这一切，我想无需说什么，因为这些都是普世公认的事实。（29）但是，比起前面几个民族，我们的先祖在保存自身历史记录的事情上，也许不能说比他们更伟大，但至少也毫不逊色——这个责任是托付给犹太人的大祭司和先知。我可以大胆地说，这些记录一直保留下来，直到我们的时代，将来我们还会谨慎而准确地保留这些历史记录。现在我将尽力简要地来说明犹太人保存自身历史记录的事实。

祭司的拣选；仔细审查祭司的婚姻和家谱

7. （30）我们的祖先从一开始就定下规矩，先知和大祭司必须具有最高尚的品格，专心侍奉神。不仅如此，他们还采取谨慎的措施，确保祭司的血统纯正，不被玷污①。（31）祭司阶层的男性要成立家庭，必须娶犹太本族的妇女为妻②，而不是考虑这个妇人的财富或其他特征。他必

---

① 参《利未记》21:7 及后面内容。
② 《利未记》21:14。

须调查妇人的出身,从档案处①获得妇人的家谱,并要求许多人作见证。(32)这个习俗不仅仅局限于犹大本国的祭司,只要是有犹太人移民的地方,都会严格地记录祭司婚配的情况。(33)我指的是埃及、巴比伦和有犹太人祭司散居的其他世界各地。他们会起草一份报告送到耶路撒冷,报告上注明新娘、新娘父亲和新娘家族历代祖先的名字,还有见证人的名字。(34)犹大国饱受战争的蹂躏,安提阿古·伊比芬尼(Antiochus Epiphanes)、庞培(Pompey the Great)和昆提留斯·瓦鲁斯(Quintilius Varus)都曾入侵我们的国家,即便在我们的时代也有发生战争。在这些时期,存留下来的祭司也会从档案处收集最新的记录。当然在犹太人安居乐业的年代,就更不用说了。(35)祭司还会仔细调查在战争中幸存下来的妇女。祭司不可以和做过俘虏的妇人结婚,因为怀疑她们已经和外国人有染②。(36)关于祭司血统的纯正,最令人信服的证据就是我们有两千年来历任大祭司的名字,按照辈分,从父亲到儿子一连串都有准确的记录③。谁如果违反了上面的规定,就不能在祭坛前侍奉,也不能担任其他敬拜神的职分。

犹太圣经二十二卷书

(37)所以我说,[你们看见,对犹太人来说,不是每个人都有资格记录

---

① 参约瑟夫从公共注册处获得的有关他自己家族出身的记载(《自传》3—6)。
② 参《犹太古史》3.276,13.292。但约瑟夫自己是祭司,却曾娶过女俘虏为妻,参《自传》414。
③ 参《犹太古史》1.16,20.227。

历史,并且我们的记录都是一致的,没有出入。你们也看见,在犹太人中间,只有先知有特权记录历史,他们通过神对他们的默示,了解远古和古代的历史,并致力于清楚而及时地记录他们自己的时代所发生的事情。〕

8. (38)我们没有很多自相矛盾、彼此记录有出入的历史作品。我们的圣书都经过严格而公正的认定,一共只有二十二卷,并且记载了所有时代的事情。

(39)这二十二卷圣书,其中五卷是摩西的作品,包括犹太人的律法和传统历史故事,从人类的诞生到颁布律法的摩西去世为止,这段历史覆盖了大约三千年。(40)从摩西去世到亚达薛西(Artaxerxes)①,这段历史是摩西以后的先知记载的。这些先知记录了自己时代所发生的事情,一共有十三卷书②。其余四卷书③包含赞美神的诗歌和指导人生的箴言。

(41)从亚达薛西到我们现在的年代,这段历史犹太人也有完整的记录,但犹太人认为这段时期的记录不能和前面二十二卷历史书相提并论,因为"先知继承"的传统在这段时间中断了。

---

① 即亚达薛西一世(Longimanus),于公元前465年接替薛西(Xerxes)成为波斯王。在约瑟夫作品的其他地方(《犹太古史》11.184)以及七十士译本(LXX)中,这个亚达薛西被认为与《以斯帖记》中的亚哈随鲁王是同一个人。在这里,约瑟夫提到亚达薛西,主要是因为亚达薛西和《以斯帖记》的关系,如上所述。从写作年代来看,《以斯帖记》是"十三卷历史书"中的最后一卷。

② 这十三卷书应当是:(1)《约书亚记》,(2)《士师记》和《路得记》,(3)《撒母耳记》上下,(4)《列王纪》上下,(5)《历代志》上下,(6)《以斯拉记》和《尼希米记》,(7)《以斯帖记》,(8)《约伯记》,(9)《以赛亚书》,(10)《耶利米书》和《耶利米哀歌》,(11)《以西结书》,(12)《小先知书》,(13)《但以理书》。

③ 这四卷书是:(1)《诗篇》,(2)《雅歌》,(3)《箴言》,(4)《传道书》。

（42）我们已经阐述了犹太人尊崇①犹太圣经的事实证据。虽然过去了那么长时间，但没有一个犹太人敢加添或删减一个字②，甚至修改一个音节。每个犹太人都具有天生的本能，会把这二十二卷书当作神的法令，遵守书上的话语，并在有需要的时候，甘心乐意为这些圣书牺牲自己。（43）无论是在当前，还是在从前的年代，有很多人可以为此作见证，被囚禁的犹太人在剧场上忍受各样折磨，甚至宁愿受死，也不愿说一句反对律法书和其他圣书的话③。

（44）希腊人会甘心为本国的历史作品忍受这样的痛苦吗？就算所有希腊文作品都要被损毁，他们也不会为抢救它们冒一点点个人风险。（45）因为对希腊人来说，这些作品无非是作者根据自己的想象即兴创作的故事。希腊人这样评论这些上一辈的历史学家是理所当然的，因为他们看见同时代的作家在写作时，竟然敢于描述自己没有参与过的事件，也不下功夫向那些知道真相的人收集信息。（46）事实上，我们知道，有人自称记录和出版了最近的犹太战争历史，但他们从未到过战场，也没有到过他们所描写的活动发生场所的附近情况。他们只是把一些道听途说的报告拼凑起来，又好像喝醉酒以后寻欢作乐的人那样胡言乱语，妄称自己的作品是历史著作④。

---

① 按希腊文直译是"犹太人如何认定并归集"。
② 参《申命记》4：2，"所吩咐你们的话，你们不可加添，也不可删减。"
③ 参本书 2.219。
④ 参《犹太战记》1.1 及后面内容。提比哩亚的尤斯图斯也记录了犹太战争的历史，和约瑟夫的《犹太战记》立场相左，参《自传》336 节及后面内容。在这里，约瑟夫似乎是指希腊作家记录的历史，他们的记录是不可信的。

约瑟夫为自己的作品《犹太战记》辩护

9. (47)与此相反,我的战争记录是真实可靠的,内容详细全面,因为里面所有的事件发生时我都在场。(48)我担任加利利人的将军,直到叛乱即将爆发为止。我被俘虏后,成为罗马军营中的囚犯①。刚开始被囚禁时,韦斯巴芗和提图斯昼夜监视我,一再要求我去面见他们。后来我被释放,在亚历山大,我和提图斯受差派前去围困耶路撒冷②。(49)在那期间,没有什么事情是我不知道的。我仔细记录了我在罗马军营里看见的一切事情,而且在当时的境况中,只有我能够听见潜逃者带来的消息。(50)最后我来到罗马,有了空余的时间,手头的资料也全备了,我终于开始专心写作,记录这场战争的经过。因为我的希腊文不够好,我请了一些助手来帮助我。我的记录是极为准确的,关于这一点,我非常自信,敢于让战争的总元帅,就是韦斯巴芗和提图斯③来做我的第一批见证人。(51)我把自己的作品首先呈交给这两位阅读,然后又制作了复印本,分发给许多参加过战争的罗马人阅读。我还把作品卖给④许多犹太同胞,他们都是受过良好希腊教育的人士,其中包括尤利乌斯·亚基

---

① 参《犹太战记》3.408。

② 参《犹太战记》4.658。

③ 参《自传》361节及后面内容。

④ 在其他关于此事的记录中(《自传》362),约瑟夫提到了亚基帕二世和另一些人的名字,说他们得到的是赠送的复制本。

老(Julius Archelaus)①、德高望重的希律(Herod)②,还有最为尊贵的亚基帕王(King Agrippa)③。(52)所有这些人都可以作证,我在作品中一丝不苟地捍卫了事情的真相。如果我出于无知或偏心,扭曲或忽略了任何事实,这些人不会隐藏他们的意见或保持沉默。

回应外界的批评

10. (53)尽管如此,还是有一些卑鄙小人写文章诬蔑我的历史记录,好像学生为了得奖比赛写作文一样④。这完全是莫名其妙的指控和毁谤!他们必须明白,如果有人向读者承诺他所写的都是事实,那么他必须首先获得有关这些事的准确信息。他或者近距离地接触了这些事情,或者向知道这些事的人询问,这是写作者的责任所在。(54)我认为在我的两部作品中,我完全尽到了这个责任。我前面说过,在我的《犹太古史》中,我翻译了犹太人的圣书⑤。我的祖先都是祭司,我自己也是祭

---

① 希勒家(Chelcias)的儿子,亚基帕二世(King Agrippa II)的妹妹玛利安(Mariamne)的丈夫;参《犹太古史》19.355,20.140。

② 不详。

③ 亚基帕二世。

④ 参修昔底德《历史》1.22,"我写的历史是永远的作品,不是用来评奖的即兴创作,听过就忘了",或可理解作:"好像在专门操练无理的指控和毁谤"。

⑤ 参《犹太古史》1.5,20.261。约瑟夫是指他在《犹太古史》(前半部)中自己翻译了旧约。然而事实上,他的翻译在很大程度上参考了早先的希腊文版本旧约,即七十士译本。

司,因此我在圣书的学问①上颇有造诣。(55)我之所以有资格称自己是犹太战争的历史学家,是因为我亲身经历了其中很多事情,并且亲眼看见其中绝大多数的场面。总之一句话,没有什么话和事是我不知道的。(56)因此,人们可以理所当然地判定,那些评论家说我的作品缺乏准确性,他们这样做简直是厚颜无耻。即使像他们所说,他们读过凯撒写的"战场笔记"②,但无论如何他们也无法直接了解我们这些另一阵营中的犹太人的立场。

这部作品的论题

11. (57)我一直很想揭露那些自称记录历史的人的轻率,这强烈的欲望使我偏离了主题。(58)我想我已经充分地论证了有关记录编年史的事情,希腊人基本上没有这个传统。相反,很多非希腊③民族很好地保留了这个传统。现在,我打算首先④回应那些评论家,他们试图证明犹太民族的形成是较晚的事情,理由是许多希腊历史学家对犹太民族的历史保持缄默。(59)然后⑤,我将从外国文献中引用见证犹太民族古

---

① 或译为"研究","专业解释"。看得出约瑟夫拥有一些传统释经学的知识[哈拉库特(*Halakoth*)等]。

② 参《自传》342,358 节。

③ 或"野蛮的"。

④ 参 60—68 节。

⑤ 参 69—218 节。

史的资料,最后①证明那些诽谤我们民族的人,他们的指控完全是荒谬的。

12. (60)我们的国家不靠海,虽然和别国有贸易和交往,但是我们对这些完全不感兴趣。我们的城市都建在内陆,远离大海。我们全心全意耕耘这块出产丰富的土地,我们在这片土地上得到很多祝福。我们最引以为傲的是我们对孩子的教育,我们认为一生中最重要的职责就是恪守我们继承的传统,遵守我们的律法,操练敬虔的行为。(61)如果有人认为犹太人奇怪的生活方式是由于上述原因,那我可以确定地说,古代的犹太人和埃及人、腓尼基人都不一样。古代的埃及人和希腊人有往来,因为他们和希腊有进出口贸易,古代腓尼基住在沿海城镇的人和希腊人也有往来,因为腓尼基人热爱财富,热衷于做生意、搞贸易。但古代的犹太人和希腊人肯定没有往来。(62)(我再说一次,我们的祖先和其他民族都不一样,他们不喜欢做海盗②,也不喜欢通过军事侵略扩张势力,虽然那时的犹大国有很多勇敢的男人。)(63)古代腓尼基人跨海和希腊人做买卖,所以他们很早就得到了贪财的坏名声。通过腓尼基人,希腊人又认识了埃及人和其他一些民族,因为腓尼基人把这些民族的货物跨海卖给希腊人。(64)后来,玛代人和波斯人登上世界舞台,因为他们统治了亚洲,特别是波斯人,他们还侵略了别的大陆。(65)色雷斯人(Thracians)是希腊人的近邻,所以希腊人知道他们的存在。至于西

---

① 本书 1.219—2.144(英译本如此。——编者注)。

② 根据修昔底德《历史》1.5 的说法,在米诺斯(Minos)的时代之前,人们认为海盗是光荣的职业;参荷马《奥德赛》3.71 及后面内容。

古提人（Scythians），希腊人是通过黑海（Euxine）上的航海家认识他们的。

一般而言，所有沿海的国家，无论是希腊以东的，还是希腊以西的，相对于内陆国家来说，更为那些渴望撰写历史的希腊作家所了解。而那些距离希腊比较遥远，居住在内陆的民族则大多数保持默默无闻。（66）这个规律也同样适用于欧洲的民族和国家。例如，罗马这个城市在很久以前已经非常强大，罗马人在战场上无往不利，但是希罗多德和修昔底德都没有提到过罗马，和他们同时代的人也没有谁提起过罗马。直到很久以后，希腊人才开始认识罗马人，当然这个过程相当艰难①。（67）至于高卢人（Gauls）和伊比利亚人（Iberians），希腊人就更不熟悉了。埃弗罗斯（Ephorus）拥有很高的声誉，人们认为他是最严谨的历史学家，但即便是埃弗罗斯也不了解高卢人和伊比利亚人。他以为伊比利亚只是一个城市的名字，而实际上伊比利亚人占据西方世界的很大一块土地。另外一些作家妄自形容高卢人和伊比利亚人的习俗，但他们的描述缺乏事实和传统根据。（68）我们可以理解，希腊人对这些民族历史的无知是因为他们在过去与这些民族没有任何关系②。而希腊人对这些民族错误的描述是因为希腊人很有野心，他们总想表现出自己是世界上知识最渊博的民族。因此，希腊人不知道犹太民族完全不是什么奇怪的事情，因为犹

---

① 哈利卡那索的狄奥尼修斯（Dionysius of Halicarnassus，公元前 1 世纪），《罗马古史》1.4.2，"对几乎所有的希腊人来说，罗马城的古代历史仍然属于未知的知识。"

② 或译为"是因为［这些］民族完全与世隔绝"。

太人的国家距离大海很远,而且存心在自己土地上过着属于自己的生活。所以希腊人不知道有我们这个民族,也没有历史学家提到我们这个民族。

13. (69)假设犹太人认为希腊人的古代历史是令人质疑的,之所以得到这个论点,是因为犹太文学作品没有提到希腊人的历史。如果这样,希腊人肯定会嘲笑并鄙视犹太人,难道不是吗? 我想,希腊人也会提出我刚才列举的原因,解释为什么犹太人的文学作品没有提到关于希腊人的事情,然后引用周边国家的历史记录,作为希腊古代历史的见证。(70)这也是我想要做的事情。我将引用埃及人和腓尼基人的历史记录作为主要的见证,这两个国家的历史记录是相当可靠的。埃及人整个民族和腓尼基人中的推罗人(Tyrians)向来是犹太人的死对头。(71)至于迦勒底人,我不能这样说,因为他们是犹太人的始祖。因为这样的血缘关系,在迦勒底人的历史记录中,也提到了犹太人。(72)在列举了这些民族提供的历史证据后,我将列举曾经提到过犹太人的希腊史学家,从而不让那些嫉妒犹太人的敌人以此做借口,大肆鼓吹他们的错误观点。

埃及人的证据,曼尼托

14. (73)首先我想引用埃及人的历史记录。我无法找到最初的埃及原文。但是有一个人名叫曼尼托(Manetho)①,他是土生土长的埃及

---

① 曼尼托是一位埃及祭司,生活在托勒密一世和托勒密二世时期。根据埃及的历史记录,"曼尼托是第一个用希腊文记录埃及宗教、智慧、历史和年表的埃及人"。曼尼托著有《埃及史》(*History of Egypt*)三卷。

人,同时也精通希腊文。这可以从他的作品中看出来。曼尼托用希腊文记录了埃及的历史,据他自己所说,这些历史记录是从埃及的圣书①中翻译过来的。在这部希腊文的埃及历史记录中,曼尼托认定,希罗多德由于无知,误解了很多有关埃及历史的事。(74)曼尼托在他写的《埃及史》第二卷中提到了犹太人。我将引用他自己的话,就像我请他亲自坐在证人席上一样:

(75)突提蒙斯(Tutimaeus)。在突提蒙斯统治时代,我不知道为什么,神的愤怒临在我们身上。从东方来了一支民族,他们出身卑劣,冒昧地侵略我们的国家。埃及人没有预见到他们的到来。(76)靠着强大的武力,他们不费吹灰之力,甚至没有开战,就占领了埃及王国。他们征服了埃及的首领,然后残暴地烧毁城市,把神庙推倒,并且用最残酷的方式对待整个埃及王国的人民。他们屠杀了一些埃及人,使别人的妻子和孩子②沦为奴隶。(77)最后,他们推选他们中间的一个人做王,这人的名字叫谢希(Salitis)。谢希在孟菲斯(Memphis)居住,并强迫上埃及和下埃及向他进贡,并且在最适合防御的地方部署守卫部队。谢希特别关注东侧的安全保障,因为他预见到亚述会成为一个很强大的国家,亚述人很可能会觊觎并攻击谢希的王国。

(78)谢希在赛特洛特省(Sethroite)发现一座城市,坐落在尼

---

① 或"碑文"。
② 也可能是"屠杀了男人……和他们的妻子和孩子"。

罗河上游布巴斯提斯城（Bubastis）的东边，地理位置很好，城市的名字起源于古代的神学传统，叫奥瑞斯（Auaris）①。谢希重建了这座城市，特别加固了城市的围墙，并在那里设立守卫队，其总人数多达二十四万，都是带武器的士兵，在那里看守王国的边境。（79）每年夏天，谢希都来视察这座城市，一方面为了给军队分发口粮，支付军饷；另一方面也是为了进行军事演习操练军队，威吓外国人。谢希统治埃及十九年后去世。（80）第二个王名叫比昂（Beon），比昂接替谢希作王，统治埃及四十四年。继承比昂的是阿帕克拿斯（Apachnas），统治埃及三十六年零七个月；接下来是阿波菲斯（Apophis），在位六十一年；（81）让那斯（Jannas），在位五十年零一个月；最后是阿西斯（Assis），在位四十九年零两个月。这是我提到的东方民族统治埃及最初的六个王，他们野心勃勃，想要除灭埃及人。（82）他们的种族名称叫做"喜克索斯"（Hycsos）②，意思是"牧羊人–君王"。因为"喜克"（HYC）在神圣的语言中代表"君王"，而索斯（SOS）在大众语言中的意思是"牧羊人"或"一群牧羊

① 参 237 节。

② 根据学者（如 W. E. Crum）的意见，喜克索斯的正确写法是 Hycussōs，意思是"贝达允（Bedawin，南叙利亚人）的首长"。Crum 认为，把后面的音节（即 ssos）翻译成"牧羊人"，这是后来的注解。喜克索斯王朝的统治不能确定，大概从公元前 1800 年到前 1580 年。最后，他们被雅赫摩斯（Ahmose）驱逐离开埃及，雅赫摩斯是埃及第十八王朝的创立者。喜克索斯人与犹太人之间的关系是一个争议颇多的问题，但根据一些评论家（如 H. R. Hall 博士）的意见，约瑟夫把喜克索斯人被逐出埃及的历史看作圣经中《出埃及记》的原型，他的看法是正确的。

人",两个音节拼在一起就是"喜克索斯"(Hycsos)。但有人说他们是阿拉伯人。

[(83)另一个版本说,"喜克"(HYC)的意思不是"君王",而恰好相反,它说明那些牧羊人是"俘虏"。因为在埃及的语言中,HYC 的意思和 HAC 是一样的,都表示"俘虏",只不过 HAC 多一个吐气音。]①

(84)在我看来,这个说法更加可靠,和犹太人的古代历史更加吻合。

根据曼尼托的记录,这些"牧羊人-君王"以及他们的后代统治埃及全地共五百一十一年。

(85)在这之后②,色百大(Thebaid)和埃及其他地方的王起来背叛

---

① 如果这段话是约瑟夫的原作,"另一个版本"应当是指"(曼尼托的)另一卷书",参 91 节。但是在原来的希腊文里,αντιγραφον 和 βιβλοs 意思不同,两个词不能互换,因此这段文字很可能不是约瑟夫的原作;除此以外,还有其他的理由:(1)约瑟夫在 91 节重复了正文的部分内容;(2)在约瑟夫的手稿中,92 节和 98 节都有旁注。两个旁注相当靠近,也都提到"另一个版本"的含义。从 92 节可以很清楚看到,那是约瑟夫自己的"另一个版本"中的文字。因此,在这里,这段带括号的文字显然是类似的注解,不知怎么和正文排列在一起。这"另一个版本"究竟是什么,我们不知道。但也可能是:约瑟夫打算在后面详细讨论这个话题(92 节),他在修订《犹太古史》时,也同时修订了本书(《驳阿皮安》);如果这样推想,那么这段括号中的文字可能就是约瑟夫修订的痕迹。83 节的最后一句话显然不属于注解。约瑟夫接下来提到的"说法",指的是喜克索斯人是阿拉伯人这个观点;约瑟夫认为这个观点比后面提到的观点更可靠,也就是说,喜克索斯人很可能就是犹太人的祖先。

② 这一段大概是约瑟夫对曼尼托记录的意译。

东方的牧羊人,爆发了激烈的战争,持续了很长一段时间。(86)曼尼托说,有一位王,名叫米斯弗拉格姆苏希斯(Misphragmouthosis),在他的带领下,牧羊人被打败了,他们被驱逐离开埃及其他所有地方,集中在一个方圆一万阿如瑞(arourae)①名叫奥瑞斯②的城市。(87)根据曼尼托的记录,为了保护他们的财产和战利品,牧羊人在这座城市的周围建造了巨大而坚固的城墙。(88)米斯弗拉格姆苏希斯的儿子苏姆希斯(Thoummosis)带领四十八万人的大军围攻奥瑞斯的城墙,试图围困这座城市,迫使牧羊人投降。苏姆希斯的努力没有成功,绝望之下,他和牧羊人签订了一个协议。(89)根据这个协议,牧羊人会离开埃及,无论他们往哪里去,都不会受到骚扰。根据协议,所有的牧羊人家庭,不下于二十四万人③,带着他们的财产离开了埃及,穿越旷野,来到叙利亚。(90)后来,由于害怕当时是亚洲统治者的强大叙利亚人,牧羊人在现在称为犹大(Judaea)的国家建立了一座城市,足以容纳他们庞大的队伍,他们给这座城市取名耶路撒冷(Jerusalem)。

(91)在《埃及史》另一卷书中,曼尼托说,在埃及的圣书上④,这个所谓的"牧羊人"民族被称作俘虏。曼尼托这样说是正确的。牧羊是我们的先祖遗传下来的习俗,他们习惯过游牧生活,因此被称作牧羊人。

---

① 按字面翻译是"包含一万阿如瑞周长"。阿如瑞是埃及人丈量土地的计量单位(一阿如瑞约等于 0.5 英亩,即 2025 平方米)。从约瑟夫的翻译来看,他把阿如瑞误解成是长度单位。

② 关于奥瑞斯,参 78 节。

③ 这个数字和 78 节提到的守卫部队的人数是一样的。

④ 直译是"在他们的圣书上";从 92 节来看,这里指的是埃及人的书卷。

（92）至于在埃及人的历史上，他们也被称为俘虏，这也是有原因的，因为我们的先祖约瑟告诉埃及的王①，他是一个俘虏。后来，经过埃及王的同意，约瑟把他的兄弟们都接到了埃及。我会在其他地方更详细地探讨这些事情②。

埃及后任的国王

15. （93）就当前来说，我只是通过引用埃及人的记录来见证我们民族的古代历史。现在，我要重新引用曼尼托关于埃及历史年表的记录。以下是他的话：

（94）游牧民族离开埃及去到耶路撒冷后，帖斯姆希斯③（Tethmosis），也就是把游牧民族赶出埃及的王，统治埃及二十五年零四个月；帖斯姆希斯死后，他的儿子克布仑（Chebron）接任王位，统治埃及十三年。（95）克布仑之后是阿梅诺菲斯（Amenophis），在位二十年零七个月；然后是阿梅诺菲斯的姐姐阿梅希斯（Amesses），

---

① 在圣经的记载中，约瑟曾告诉埃及王的酒政，他是一个俘虏（创 40：15）。弗洛伦汀（Florentine）手稿给这段话加了以下旁注："在另一个版本中找到这样的写法：'被他的兄弟卖到埃及，又见到了埃及的王。后来，经过埃及王的同意，把他的兄弟都接到了埃及。'"
② 可能是指 227 节开始的内容。在 227 节，约瑟夫重新提到曼尼托的记录。
③ 在 88 节称为苏姆希斯。有可能（95 节中的）特姆希斯（Thmosis）才是正确的拼法。

在位二十一年零九个月;然后是阿梅希斯的儿子蒙弗瑞斯（Mephres），在位十二年零九个月;接下来四个都是子承父位,蒙弗拉莫苏希斯（Mephramouthosis）二十五年零十个月,特姆希斯（Thmosis）九年零八个月,(96)阿梅诺菲斯（Amenophis）三十年零十个月,奥鲁斯（Orus）三十六年零五个月;接下来是奥鲁斯的女儿阿肯切利斯（Akencheres），在位十二年零一个月;阿肯切利斯的兄弟兰特提斯（Rathotis），在位九年;接下来是七位父子,依次为阿肯切利斯（Akencheres）十二年零五个月,(97)阿肯切利斯二世（Akencheres II）十二年零三个月,哈麦斯（Harmais）四年零一个月,拉美西斯（Ramesses）一年零四个月,哈麦西斯·米阿摩恩（Harmesses Miamoun）六十六年零两个月,阿梅诺菲斯（Amenophis）十九年零六个月,(98)然后是塞特希斯（Sethosis）①,也叫拉美西斯（Ramesses）。塞特希斯,就是最后一位国王,拥有一支骑兵队伍和强大的海军舰队。塞特希斯任命他的弟弟哈麦斯（Harmais）②作埃及的总督③,并授予哈麦斯一切国王的权利,除了

---

① 可能叫"塞特斯"（参 231 节）。

② 在 231 节称为"赫美斯"。

③ 在手稿上有旁注如下:"在另一个版本中找到这样的写法:'在他后面是塞特希斯和拉美西斯,他们是两兄弟。塞特希斯拥有一支强大的舰队,(封锁了海上的敌人,那些敌人造成很多人员伤亡)[未确认的文本]。不久,塞特希斯杀了拉美西斯,并委任另一个兄弟哈麦斯作埃及的总督。'"有关塞特（希）斯在红海上的海军行动,参见希罗多德《历史》2.102,约瑟夫在《犹太古史》8.260及后面内容中也提到这件事情;希罗多德把塞特（希）斯称作塞索斯特利斯（Sesostris），约瑟夫认为塞特（希）斯就是罗波安（Rehoboam）的对手（转下页）

不能戴王冠，不能无理对待王后——就是塞特希斯孩子的母亲，还有要像尊敬王后那样尊敬塞特希斯其他的嫔妃。

（99）于是塞特希斯离开埃及，与塞浦路斯人（Cyprus）和腓尼基人开战，后来又与亚述人和玛代人开战。有的国家接受了挑战，有的没有，但借着强大的军力形成的威吓力，塞特希斯征服了所有这些国家。受到胜利的鼓舞，塞特希斯越发胆壮，继续战争步伐，前去征服东方的城市和地区。（100）与此同时，就在塞特希斯离开埃及后不久，留在埃及统治全国的哈麦斯背信弃义，违反了他哥哥塞特希斯定下的所有禁令。他强暴了王后，任意和王宫里的嫔妃寻欢作乐，还在朋友的怂恿下，戴上王冠，公然起来造他哥哥的反。（101）于是埃及神庙的看护者写了一封信寄给塞特希斯，告诉他国内发生的事情，包括哈麦斯叛乱的事情。（102）塞特希斯立刻返回佩卢西姆（Pelusium），收回属于自己的王国。因此埃及也被称为埃古普托斯（Aegyptus），就是根据塞特希斯的名字命名的。

曼尼托说，塞特希斯又叫埃古普托斯，他的弟弟哈麦斯又叫达那俄斯（Danaus）①。

（接上页）示撒（Shishak）。在这些记录中，拉美西斯和塞特（希）斯的关系都有不同。在上面的段落中，拉美西斯是塞特（希）斯的别名。在旁注中，拉美西斯是塞特（希）斯的兄弟。在后面的 231 节，拉美西斯是塞特（希）斯的儿子。

① 参 231 节。

曼尼托证据的重要性

16. （103）以上就是曼尼托的记录。如果把曼尼托开列的年份加总起来，就可以清楚地看到，曼尼托笔下的"牧羊人"，也就是我们的祖先离开埃及到这个地方（即犹太地）定居，是在达那俄斯来到阿尔戈斯（Argos）的三百九十三年之前①。而阿尔戈斯人认为达那俄斯是最古老的人物之一②。（104）因此，曼尼托从埃及文学中给我们提供了两点重要的信息，可以作为我们的证据：第一，犹太人是从其他地方来到埃及的；第二，犹太人离开埃及的时间相当久远，甚至比特洛伊战争（Trojan War）还要早将近一千年。（105）曼尼托后来的论述不是从埃及记录得到的，正如他自己承认的那样，而是从作者不详的神话故事中汲取的内容。稍后③我将详细反驳这些神话，证明这些谎话连篇的故事是不真实的。

腓尼基人的证据：推罗人的档案

17. （106）现在，我想引用腓尼基人的编年史中提到我们民族的记

---

① 从 15 章来看，所有埃及王统治的年份加起来，从喜克索斯人离开埃及，到塞特希斯登基，一共只有三百三十三年。由此看来，约瑟夫（或根据他的资料）又加上了塞特希斯所统治的六十年。231 节提到塞特希斯的统治年份是五十九年。

② 希腊神话中的伊那科斯（Inachus）据称是比达那俄斯还要古老的人物。

③ 参 227 节及后面的内容。

录，拿出腓尼基人提供的有关证据。（107）从很早开始，推罗人就拥有他们的公共记录，由政府编写并精心维护，记录的内容是腓尼基人自己历史上具有纪念意义的事件，以及腓尼基人和其他国家的往来。（108）他们的记录上记载着，所罗门王建造了耶路撒冷的圣殿，时间比推罗人建造迦太基城（Carthage）早一百四十三年零八个月①。（109）为什么腓尼基人的历史中会提到我们的圣殿呢？这其中是有原因的。原来推罗的国王希仑（Hirom）②是我们的王所罗门的朋友，所罗门从他父亲那里继承了与希仑的友谊③。（110）希仑和所罗门一样，都热衷于建造富丽堂皇的高大建筑物。希仑送给所罗门一百二十他连得金子，又在那称为黎巴嫩的山上，砍下那里最好的树木，运送给所罗门做建筑物的屋顶。作为回报，所罗门给希仑很多礼物，还送给他位于加利利的一块土地，那个地区叫迦布勒（Chabulon）④。（111）然而，所罗门与希仑友谊的主要纽带还是他们对学习的热情。他们曾经互相寄给对方难题，让对方思考解答。在这方面，所罗门比希仑更加精通，因为常常是所罗门比希仑聪明。推罗至今还保留了许多所罗门和希仑之间的信件⑤。

---

① 这个时间是从推罗历代国王统治的年份加总起来得到的；参 18.126 及后面的内容。关于建造迦太基城的时间，各方说法不一，从公元前 1234 年到公元前 793 年都有。

② 即圣经中的希兰（Hiram），有时也写作希仑。

③ 参《撒母耳记下》5：11；《列王纪上》5：1。所罗门从他父亲大卫那里继承了与希兰的友谊。

④ 参《列王纪上》9：10—13。这个名称显然是从卡布（Cabul）这个村庄或小镇的名字中得来的。在《自传》213 节，这个村庄被称为迦布卢斯（Chabolos）。

⑤ 《列王纪上》5 章记载了希兰和所罗门之间有关建造圣殿的书信往（转下页）

迪乌斯记录了所罗门的谜语

(112)为了证明推罗人档案上记录的这些内容不是我自己凭空捏造的,我要介绍迪乌斯(Dius)①作为证人;这人讲求精准,他对腓尼基人历史的记录很可靠。在有关腓尼基人的历史记录中,他这样写道:

(113)阿比巴鲁斯(Abibalus)死后,他的儿子希仑继承王位。希仑在城市东侧修建防水堤岸,提高了地平面,又扩建了市中心,修筑一条堤道,把本来建在岛上的奥林匹亚宙斯神庙和城市连接起来,并且奉献黄金用来修饰神庙;希仑又来到黎巴嫩山上,吩咐砍下山上的树木,用来修建神庙。(114)据说耶路撒冷的统治者②所罗门曾经寄谜语给希仑,又让希仑寄别的谜语给他,提议谁解不开谜语,就要支付一大笔罚金给解开谜语的人。(115)希仑同意了,他无法

(接上页)来,约瑟夫在《犹太古史》8.50—54 中演绎了这部分内容。优西比乌(Euseb.)在《为福音书预备》(*Praep. Ev.*)9.33 及后面记述了欧波来姆斯(Eupolemus,公元前 2 世纪)的作品摘录,也提到所罗门和希兰的其他书信内容,但偏向写作特色方面的描述。所有这些信件的内容中都没有提到下面所谓的谜语;也许我们可以从示巴女王和她"难解的话"(王上 10:1)的事件中找到关于谜语故事的原型。

① 约瑟夫在《犹太古史》8.147 引用了同一段迪乌斯的话。有关迪乌斯这个人,我们没有确切的资料。

② 或"暴君"。

解开所罗门的谜语，只能掏钱，付了一大笔罚金。后来，有一个叫阿伯德芒（Abdemun）①的推罗人，解开了所罗门的谜语，又另外提出新的谜语。所罗门解不开阿伯德芒的谜语，于是只能向希仑支付罚金，比他从希仑收到的罚金还要多。

迪乌斯的记录证实了我前面的论证。

以弗所的米南德

18.（116）现在我要引用另一位见证人的记录，那就是以弗所的米南德（Menander of Ephesus）②。米南德是一位作家，他记录了说希腊语的国家和不说希腊语的③国家每个朝代发生的事情，并花了很多功夫，从每个国家的历史记录中收集信息。（117）米南德记录了推罗历代国王的事迹，当写到希仑时，他这样说：

> 阿比巴鲁斯死后，王位传给他的儿子希仑。希仑活了五十三

① 《犹太古史》8.149 中是阿伯德蒙（Abdemon）。

② 《犹太古史》8.144 中约瑟夫也引用了后面这段摘录。这个米南德很可能就是亚历山大的克莱门（Clement of Alexandria）提到的帕加马的米南德（Menander of Pergamum），克莱门引用米南德的话说，"当墨涅拉俄斯（Menelaus）在特洛伊城被攻陷后访问腓尼基时，希兰把他的女儿嫁给所罗门为妻。"（*Strom*. 1. 140 页，114 节）

③ 直译为"野蛮的"。

年,统治推罗三十四年。(118)希仑修建了"阔地"(Broad Place)的堤坝①,将黄金的柱子奉献给宙斯神庙②,又去到黎巴嫩山,砍下山上的松木用作神庙屋顶的木材。希仑夷平古老的神庙,修建新的圣祠,献给赫拉克勒斯(Heracles)和阿斯塔特(Astarte)。(119)赫拉克勒斯神庙是在佩利求斯月(Peritius)③首先建立的。希仑又向乌蒂卡人(Utica)发动战役,因为他们拒绝缴纳贡金。直到乌蒂卡人投降后,希仑才回到推罗。(120)在希仑统治时期,有一个名叫阿伯德芒的小伙子,他总能解开耶路撒冷的王所罗门所出的难题。

(121)从希仑到迦太基的建造,中间的年表是这样的:④

　　(122)希仑死后,王位传给他的儿子巴尔贝泽(Balbazer),巴尔贝泽活了四十三年,在位十七年。巴尔贝泽的继承人是阿布达斯特拉图斯(Abdastratus),活了三十九年,在位九年。阿布达斯特拉图斯的保姆有四个儿子,他们密谋背叛阿布达斯特拉图斯,并且把阿布达斯特拉图斯杀了。四个儿子当中的长子,德利阿斯塔图斯

---

① 把陆地上的老推罗城和建在岛上的新城连接起来的堤道。

② 根据欧波来姆的说法,这是所罗门送给苏仑(Suron,即希仑)的礼物;参优西比乌《为福音书预备》9.34。希罗多德(《历史》2.44)在赫拉克里斯的神庙里看见一根黄金柱子,很可能就是这里的宙斯神庙。他提到两座赫拉克里斯神庙,但没有提到宙斯神庙。

③ 地中海历法的第四个月。

④ 这一段显然是约瑟夫翻译了原作的内容。

（Deleastartus）的儿子米苏萨斯塔图斯（Methusastartus）登上王位，活了五十四年，在位十二年。（123）米苏萨斯塔图斯死后，王位传给他的弟弟阿斯撒利姆斯（Astharymus），阿斯撒利姆斯活了五十八年，在位九年。阿斯撒利姆斯死在他弟弟斐勒斯（Phelles）手中，斐勒斯篡夺了王位，但在位仅仅八个月。斐勒斯五十岁的时候死于伊托拜尔（Ithobal）手中，伊托拜尔是阿斯塔特的祭司。伊托拜尔活了四十八年，在位三十二年。（124）伊托拜尔的继任者是他的儿子巴勒则（Balezor），活了四十五年，在位六年。（125）其后，他的儿子米顿（Metten）继承了王位，活了三十二年，在位二十九年。米顿之后是庇格玛里翁（Pygmalion），活了五十八年，在位四十七年。庇格玛里翁在位第七年，他的妹妹①逃离推罗，在利比亚（Libya）建立了迦太基城。

（126）由此可见，从希仑登位到迦太基城的建立，总共是一百五十五年零八个月②；而耶路撒冷的圣殿是希仑在位第十二年建的③，因此从圣殿建立到迦太基城的建造，中间总共是一百四十三年零八个月。

（127）难道还需要引用更多腓尼基人的记录来作证明吗？我们会看到，这些见证人的记录都是彼此吻合的，这足以说明他们的记录

① 埃利莎（Elissa），通常称为狄多（Dido）。
② 在前面每个国王的统治年份中，有些数字字迹腐蚀了，所以加起来不等于约瑟夫计算的总数。
③ 关于这个时间的来源不明。《犹太古史》8.62中所罗门开始建造圣殿的时间是希仑在位的第十一年。

是真实的。当然，我们的祖先在圣殿建造很久之前，就来到犹大这个地方了，但要等到他们征服了犹大全地之后，才修建了圣殿。我在《犹太古史》①中清楚地记录了修建圣殿的经过，有关的资料来自我们的圣书。

贝罗索斯的证据

19. (128)接下来，我要引用迦勒底人的文学和记录中提到的我们的文字。在很多方面，这些典故和犹太人圣经的记录非常吻合。我要推荐的见证人是贝罗索斯（Berosus）②，他是迦勒底人，(129)在学者圈中颇为知名，因为他为希腊语读者出版了迦勒底天文学和哲学方面的作品。贝罗索斯参考了最古老的记录，他和摩西一样，都描述了大洪水和人类毁灭的故事，(130)也记录了挪亚方舟的故事，挪亚就是我们的先祖。挪亚的方舟停靠在亚美尼亚（Armenia）③高山的山巅上，在大洪水中他得到拯救。(131)随后，贝罗索斯列出了挪亚的后裔和他们在世的时间，一直延续到巴比伦和迦勒底的国王那波帕拉萨尔（Nabopalassar）。在

---

① 《犹太古史》8.61 及后面内容。

② 贝罗索斯（约公元前330—前250年）是巴比伦贝勒斯（Bel）神庙的祭司。除了天文学和占星术方面的作品外，他还编写了巴比伦的历史，至少包括三卷书（142节）。

③ 《犹太古史》1.93 中约瑟夫摘录了贝罗索斯所记述的洪水故事。但我们从辛塞卢斯（Syncellus）的作品中得知，贝罗索斯故事中的主人公不叫挪亚，而叫西苏士（Xisuthrus）。

记述这位君王的事迹时，贝罗索斯提到，那波帕拉萨尔派遣他的儿子尼布甲尼撒（Nabuchodonosor）带领一支庞大的军队，进攻埃及和我们的国家犹大，因为他听说这两个国家的人民起来造反。（132）后来，尼布甲尼撒打败了埃及和犹大，烧毁了耶路撒冷的圣殿①，将所有犹太人驱逐移民到巴比伦，导致耶路撒冷城荒凉七十年，直到波斯王居鲁士（Cyrus，或译"古列"）的时期。（133）贝罗索斯还记载，尼布甲尼撒这位巴比伦的君王征服了埃及、叙利亚、腓尼基和阿拉伯，他的英勇事迹超过之前迦勒底和巴比伦的所有君王②。我要引用贝罗索斯自己的话，他是这样说的③：

（134）他的父亲那波帕拉萨尔听见负责管理埃及、柯里叙利亚（Coele-Syria）和腓尼基的总督起来叛乱，（135）另一方面，也是因为军队事务繁杂，无力应付；于是那波帕拉萨尔将一部分军队交给自己的儿子尼布甲尼撒，派遣他前去平息叛乱，那时尼布甲尼撒还很年轻。尼布甲尼撒接下这个任务，与叛乱的总督正面对战，打败了对方，使整个叛乱地区臣服在巴比伦的统治之下。（136）就在这个时候，尼布甲尼撒的父亲那波帕拉萨尔不幸在巴比伦城生病去世了，他在位共二十一年。尼布甲尼撒很快得知了这个消息，就着手

① 在后面约瑟夫摘录贝罗索斯的记述中，没有提到焚烧圣殿的事情。这里的记载可能是约瑟夫自己添加的内容，他误以为这件事发生在那波帕拉萨尔统治时期。
② 《犹太古史》10.219。
③ 《犹太古史》10.220及后面的内容，也引用了下面这段记录。

安排处理埃及和其他国家的事务。他把手下的囚犯——包括犹太人、腓尼基人、叙利亚人和埃及人——移交给他的一些朋友,(137)吩咐他们把囚犯,还有大批的军队和其余的战利品都运回巴比伦。与此同时,尼布甲尼撒自己带领一小撮护卫队,穿越旷野,直奔巴比伦城。(138)回到巴比伦后,尼布甲尼撒发现政权仍然掌握在迦勒底人手中,迦勒底人的贵胄为他保留着王位。就这样,尼布甲尼撒继承了他父亲的整个王国,成为巴比伦的统治者。于是他下令安顿俘虏,当他们来到巴比伦后,让他们在巴比伦最适合居住的地方安家。

(139)随后,尼布甲尼撒又用战争中掳获的战利品,把贝勒斯神庙和其他庙宇修饰得富丽堂皇。还[重建]①了旧巴比伦城,在旧的城墙外面又修建了一座城市。为了防止巴比伦城将来被围困的敌人利用河流的岔道[攻入]城里,尼布甲尼撒把外城和内城都用三道围墙包围起来。内城的围墙用砖头和沥青砌成,外城的围墙用土砖砌成。(140)尼布甲尼撒大兴土木,修固了巴比伦城,又装饰了巴比伦城的城门,使它们看上去庄严神圣。随后,他又在紧挨着他父亲宫殿的地方,修建了第二座宫殿。要述说这座宫殿是多么高大宏伟,多么辉煌壮观,是一件冗长乏味的事。(141)然而值得一提的是,虽然这座宫殿无比庞大,宏伟壮观,但建造这座宫殿只用了十五天。在这座宫殿里,尼布甲尼撒搭建了极高的石头阶梯式平台,并在平台上精心打造山区的景色。为了再现山区的景观,

---

① 原文残缺。

尼布甲尼撒在平台上种植了各种树木，这就是传说中的空中花园①。这都是因为尼布甲尼撒的妻子是在玛代长大的，她钟爱山区的景观环境。

20.（142）这就是贝罗索斯对尼布甲尼撒王的描述。除此之外，在《迦勒底历史》第三卷中，还有大量对尼布甲尼撒的描写。在那卷书中，贝罗索斯严厉地驳斥了希腊的历史学家②，因为他们受了蒙骗，相信巴比伦是亚述王国的塞米拉姆（Semiramis）建立的。而且他们错误地断言，巴比伦的建筑都是塞米拉姆修建的。（143）有关这些事情，迦勒底人的记载绝对值得信赖。此外，在腓尼基人的历史档案中，也找到了和贝罗索斯的叙述相吻合的记录，记载了巴比伦国王如何征服叙利亚和整个腓尼基地区。（144）斐罗斯特拉图（Philostratus）在他的《历史书》中也记录了同样事件，他提到推罗③被围困的事。麦迦西尼（Megasthenes）④也记录了类似的内容。在《印度历史》第四卷中，麦迦西尼试图证明，这位

_____

① 空中花园被誉为古代世界的七大奇迹之一。在本书 2.7 及后面的内容中，约瑟夫对空中花园有更详尽的记录，内容摘自狄奥多罗斯的克特西亚斯（Ctesias in Diodorus）。

② 克特西亚斯（公元 4 世纪）是研究塞米拉姆和尼努思（Ninus）故事的权威，塞米拉姆和尼努思是神话中亚述帝国的创建者；参希罗多德《历史》1.184。

③ 斐罗斯特拉图是编写印度和腓尼基历史的作家，我们是通过约瑟夫才知道此人的存在；参《犹太古史》10.228（引用了同样的文字）。

④ 后期希腊作者对印度的了解，大部分来自作家麦迦西尼。约公元前 300 年，塞琉古一世［Seleucus I，"胜利者"（Nicator）］派遣麦迦西尼为大使，出访印度，其时印度国王是旃陀罗笈多（Chandragupta 或 Sandracottus）。

巴比伦国王(尼布甲尼撒)征服了利比亚和伊比利亚的大部分地区。根据作者的描述,尼布甲尼撒的勇气和远征的宏大规模,与赫拉克勒斯(Heracles)①相比有过之而无不及。

(145)前面提到②,耶路撒冷的圣殿被入侵的巴比伦人烧毁,直到居鲁士继承亚细亚的王位,犹太人才开始重建圣殿。我想继续引用贝罗索斯的话语,清楚地证明这些事情。在他的第三卷历史书中,贝罗索斯写道:

> (146)开始修建[巴比伦城的]城墙后——我前面已经提到这件事情——尼布甲尼撒生病去世。他统治巴比伦共四十三年,王位传给他的儿子以未米罗达(Evilmaraduch)。(147)这人独断专行,生活淫乱,在位两年后就遭人暗算,被他的姐夫涅利格萨(Neriglsar)暗杀。涅利格萨继承王位,统治巴比伦四年。(148)涅利格萨的儿子拉波罗所多克(Laborosoardoch)继位时还是一个孩子,他在位九个月。由于他表现出败坏的个性,于是也被阴谋陷害,被他的朋友打死。(149)拉波罗所多克死后,密谋者召开了一次会议,与会者一致同意把王位传给其中一位密谋者、巴比伦人那波尼都斯(Nabonnedus)。在那波尼都斯统治期间,巴比伦城的城墙修建起来,毗邻护城河,宏伟壮丽,建筑材料是砖头和沥青。

---

① 《犹太古史》10.227引用了同样的文字。优西比乌在《为福音书预备》9.41也从阿拜德努斯(Abydenus)的记录中引用了同样的文字。
② 参132节。下面引用的内容显然并没有提供有关圣殿方面的证据。

（150）那波尼都斯统治第十七年，居鲁士率领大军从波斯入侵巴比伦，首先征服了巴比伦王国的其他地方，然后进军巴比伦城。（151）得知居鲁士进攻的消息，那波尼都斯率领军队出征迎战，被打败了。于是那波尼都斯带领若干随从逃跑，躲藏在博尔西帕镇（Borsippa）①。（152）居鲁士占领了巴比伦，并下令彻底摧毁巴比伦城外层的围墙，因为围墙的外观惊人可畏。随后，居鲁士进军博尔西帕，围攻那波尼都斯。（153）那波尼都斯还没等到被包围，就投降认输，得到居鲁士的人道对待。居鲁士驱逐那波尼都斯离开巴比伦，但是给他卡美尼亚（Carmania）②作为定居之地。那波尼都斯在卡美尼亚度过了他余下的日子，并在那里死去。

贝罗索斯的叙述与犹太人和腓尼基人的记录相符

21.（154）贝罗索斯的陈述非常正确，也符合我们圣书的记录。因为我们的圣书上记载着，尼布甲尼撒在他统治的第十八年③摧毁了犹太人的圣殿。在接下去的五十年内④，圣殿不复存在，直到居鲁士统治的

---

① 现在称为比尔斯尼姆鲁得（Birs Nimrud），位于巴比伦南边。

② 位于波斯湾附近的一个地区。

③ 根据《列王纪下》25：8和《耶利米书》52：12，尼布甲尼撒烧毁圣殿的日期是他在位的"第十九年"；第十八年是尼布甲尼撒占领耶路撒冷的时间（耶52：29）。

④ 从犹大王西底家战败（公元前587年）开始计算，到居鲁士元年的敕令为止（公元前538年），被掳时期总共是四十九年。《耶利米书》25：12（前文132节）提到的七十年是一个大概的数字。

第二年①，才重新建立圣殿的根基，最后在大流士统治的第二年②完工。(155)有关这方面的证据很多，我无法忽视，因此我还要把腓尼基人的记录③作为补充。以下是腓尼基人历史资料的记录：

> (156)在伊托拜尔(Ithobal)国王④统治时期，尼布甲尼撒围困推罗十三年⑤。接下来是国王巴尔(Baal)，统治了十年。(157)巴尔之后是受任命的士师担任管理国家的职责，依次是：巴斯勒科(Baslech)的儿子俄克尼伯(Eknibal)两个月；阿布但斯(Abd-aeus)的儿子谢勒贝斯(Chelbes)十个月；大祭司阿巴尔(Abbar)三个月；格拉斯图斯(Gerastratus)和阿布德利穆斯(Abdelimus)的儿子米挺(Myttyn)六年；然后是巴拉特(Balator)作王一年。(158)巴拉特死后，他的臣民派人去巴比伦，请来眉波尔(Merbal)作王，在位四年。眉波尔死后，他的臣民又请来眉波尔的兄弟希仑(Hirom)，在位二十年。居鲁士成为波斯的君王，就是希仑在位期间。

---

① 参《以斯拉记》3：8。

② 参《以斯拉记》4：24；其实这是修建圣殿重新开工的日期。整座圣殿直到四年后才全部完工(拉6：15)。

③ 应当是摘自以弗所的米南德的作品。

④ 伊托拜尔二世。约瑟夫在123节提到一位早期的腓尼基国王，名字也叫伊托拜尔。

⑤ 参《犹太古史》10.228(根据斐罗斯特拉图提供的记录)。

(159)所有时间加起来，是五十四年零三个月①。尼布甲尼撒是从他在位第七年②开始围困推罗，而居鲁士在波斯掌握大权是希仑统治第十四年的事情。(160)因此关于圣殿的历史，我们圣书上的记录与迦勒底人和推罗人的历史记录都是完全相符的。我声明犹太民族具有古老的历史，我提供的证据都是彼此吻合，无可辩驳。我想，即使是最喜好争辩的批评家，也应该对我引用的证据表示满意。

希腊作家的证据

22. (161)尽管如此，有些人对非希腊传统的史料毫无信心，他们坚持认为只有希腊人的记录值得信赖，因此我感到自己还有更进一步的义务，满足他们的要求。接下来我要继续引荐几位希腊作家，他们都知道我们的民族；我要引用他们在自己的作品中曾经提到我们的例证。

毕达哥拉斯

(162)萨摩斯(Samos)的毕达哥拉斯(Pythagoras)③是一位古代圣贤，他的智慧和敬虔超过所有的哲学家。显然，他不仅知道我们的习俗，甚至在他那个遥远的时代④，还对我们的习俗非常仰慕，热心寻求。

---

① 把上面每个时段加总合计，是五十五年零三个月。约瑟夫似乎是扣除了巴拉特的一年统治时间，才得到他的合计数字。

② 也可读作"第十七年"。

③ 毕达哥拉斯是公元前 6 世纪意大利南部城市克罗托纳(Crotona)一个社团的著名领袖。

④ 或译"在很大程度上"。

(163)毕达哥拉斯是一位大师,我们没有被公认是他写的作品,但是很多作家提及有关他的历史故事,其中最知名的是赫米普斯(Hermippus)①,他是一位非常严谨的历史学家。(164)在赫米普斯记述毕达哥拉斯的第一本书中,他记载说,毕达哥拉斯有一个门徒叫卡利封(Calliphon),是克罗顿本地人。卡利封去世的时候,毕达哥拉斯声称他学生的灵魂和他日夜在一起,又警告卡利封,不要经过某个地方,因为有一头驴子在那里晕倒了②;又劝他要戒除越喝越渴的水③,远离一切污蔑和中伤的言语④。(165)接着,赫米普斯说:"毕达哥拉斯操练和论述这些戒律,是在参照和效仿犹太人和色雷斯人的教导。"事实上,有人说⑤毕达哥拉斯把很多犹太人律法的观点引入到他的哲学当中。

(166)在远古时代,很多城市知道我们民族的存在;在一些城市,犹太人的习俗终于得到其他人的认同。在很多地方,人们认为它们是值得效仿的。

塞奥弗拉斯特

(167)在塞奥弗拉斯特(Theophrastus)⑥关于"法律"的作品中,有一

---

① 公元前 3 世纪示每拿(Smyrna)的赫米普斯,撰写哲学家以及其他人的传记。

② 可能是指犹太人把驴子作为偶像的故事(参本书 2.80 等);不可能是指《民数记》22:27 中巴兰和驴子的故事。

③ 直译是"干渴"(thirsty),具体的含义不能确定,可能是指毕达哥拉斯平时只喝清水的习惯。

④ 参《出埃及记》22:28;《利未记》19:16。

⑤ 例如阿里斯托布鲁斯(Aristobulus)等,优西比乌《为福音书预备》13.12,664 A。

⑥ 亚里士多德的学生和继承人,"逍遥学派"(Peripatetic)的领袖。他写了一部关于"法律"的作品,概括了不同国家的法律,从内容上看应当是亚（转下页）

段话语清楚地说明了这一点。塞奥弗拉斯特说,特雷西人的法律禁止使用外地的誓言,接着他列出了被禁止的那些誓言,其中一种叫各耳板(Corban)。各耳板是犹太民族特有的誓言,其他国家没有这种誓言。从希伯来文翻译过来,各耳板可以解释为"属于神的礼物"①。

希罗多德

(168)同样,哈利卡那索的希罗多德(Herodotus of Halicarnassus)也没有忽视我们的民族。他曾经有一次提到我们的民族,也许不是很明显,但确实讲的是我们。(169)希罗多德在他的第二卷书②中提到科奇斯人(Colchians)时,他作出如下陈述:

> 唯有科奇斯人、埃及人和埃塞俄比亚人是从一开始就实行割礼的几个民族。腓尼基人和巴勒斯坦的叙利亚人③承认他们是从埃

(接上页)里士多德《论政治》的姐妹篇。优西比乌也引用了塞奥弗拉斯特论述犹太人的话(《为福音书预备》9.2,404 A)。

① 确切地说是"礼物",约瑟夫《犹太古史》4.73,还有《马可福音》7:11 都是这样解释的。如果是"被禁止的"(tabooed)的礼物,那么可以理解为是献给神的礼物或祭物。显然,这个词语后来被人们用来起誓,跟在誓言的后面。有关各耳板被用来起誓的例子,参《马太福音》23:16 以及莱特福特(J. Lightfoot)在 *Horae Hebraicae Et Talmudicae*(福音书和《使徒行传》的希伯来文以及《塔木德》练习问答)中的注释。

② 希罗多德《历史》2.104;约瑟夫在《犹太古史》8.262 也引用了这段话。

③ 希罗多德很可能是指非利士人;如果是这样,那么希罗多德就说错了。因为在圣经时代,非利士人是不行割礼的。因此,约瑟夫的想法是有道理的,他推断希罗多德指的是犹太人。

及人那里学到割礼的风俗。(170)居住在塞莫顿河和帕尔尼耳斯河（rivers Thermodon and Parthenius）①河畔的叙利亚人和他们的邻居马科罗尼斯人（Macrones）②说，他们最近从科奇斯人那里接受了割礼的风俗。在这个世界上，只有这些民族是行割礼的。显然，他们都是效仿了埃及人。至于埃及和埃塞俄比亚这两个国家，我很难说是谁效仿谁行割礼。

(171)希罗多德说，巴勒斯坦的叙利亚人是行割礼的。但是，犹太人是巴勒斯坦地区唯一行割礼的民族。因此，希罗多德肯定知道这个情况，他指的就是犹太人。

科利勒斯

(172)此外，科利勒斯（Choerilus）③，一位古代的诗人，也提到我们民族加入了波斯王亚达薛西远征希腊的队伍。在列举了所有加入远征的民族后，科利勒斯最后提到了犹太民族：

> (173)又来了一个奇妙的民族，紧紧地跟在后面；
>
> 他们说着奇怪的方言，带有腓尼基地方的口音；
>
> 索利缅山区（Solymian）一个宽阔的湖泊旁边，是他们的居所；

---

① 小亚细亚的河流。

② 在本都（Pontus）地区。

③ 萨摩斯的科利勒斯，和希罗多德同一时代，比希罗多德年轻，也是希罗多德的朋友。他的叙事史诗记录了希腊人和波斯人之间的战争，现存有一些残余片段，例如在斯特拉波的作品中（7.9.303）。

他们把头发剃成环形，凌乱不堪；还骄傲地在头上

戴着马的头皮，是用壁炉的烟烘干的。

（174）我想，每个人都清楚，科利勒斯说的就是我们犹太民族，因为索利缅山区就在我们的土地上，是我们居住的地方。在那里有一个湖，比突米努斯湖（Bituminous Lake），比叙利亚所有的湖泊都要宽阔广大①。因此在科利勒斯的作品中，也提到了我们犹太民族。

克利阿科斯记述亚里士多德讲的故事

（175）希腊人不仅知道犹太人，而且还很钦佩犹太人。无论遇见什么犹太人，希腊人都很羡慕。不仅最底层的希腊人仰慕犹太人，即使那些声誉最高、智慧超凡的希腊人也仰慕犹太人。我可以很轻易地证明这一点。（176）克利阿科斯（Clearchus）是亚里士多德的门徒，也是数一数二的逍遥派哲学家（peripatetic philosophers）。克利阿科斯写了一本关于"睡眠"的书。在第一卷书中，克利阿科斯记述了他的老师讲了一件趣事，是关于犹太人的。克利阿科斯借用亚里士多德的口气来复述这个故

---

① 约瑟夫采用的是一种较古老的理解，认为"索利米"（Solymi）就是犹太人，"索利米"的延伸词"赫尔索利马"（Hierosolyma）就是耶路撒冷，而诗歌中"宽阔的湖泊"就是死海。约瑟夫的推论非常巧妙，但可靠性不强。上面诗歌中提到的民族显然是东埃塞俄比亚人。科利勒斯引用了荷马《奥德赛》5.283 中的"索利缅山区"这个地名（在荷马的《奥德赛》中，这个地名出现在埃塞俄比亚人后面）。科利勒斯的朋友希罗多德在记述薛西（Xerxes）军队的名册时，也描写过东埃塞俄比亚人（《历史》7.70），这也是科利勒斯写作的灵感之一。东埃塞俄比亚人和西埃塞俄比亚人的区别"仅仅在于他们的语言和他们的发型"。东埃塞俄比亚人"头发笔直"，"还在头上戴着马的头皮，头皮上有（转下页）

事。我现在就引用这一文本①：

　　（177）"如果要重复整个故事，需要花很长的时间。但是那个人的确很有特色，有点奇怪，但非常通达优秀，值得一提。我警告你，海佩罗凯兹（Hyperochides），"亚里士多德说，"接下来我要说的故事，在你看来，也许像梦一样奇妙。"海佩罗凯兹恭敬地回答，"正因为这样，我们才会迫不及待地想要听这个故事。""好吧，"（178）亚里士多德说，"按照修辞学的惯例，让我们先从他的民族说起。因为讲故事的大师都有他们的原则，我们也要遵守。""就按照你的方式来讲吧！"海佩罗凯兹说。（179）"很好，"亚里士多德回答说，"这个人是柯里叙利亚的犹太人。犹太人是印度哲学家的后裔②。有人说，这些哲学家在印度被称为卡拉尼（Calani）③，在叙利亚当地的名字

（接上页）马的耳朵和鬃毛……马耳朵经过处理，向上竖立"（《历史》7.70）。东埃塞俄比亚人说的是腓尼基语，因为"腓尼基人，根据他们自己的记录，最早居住在红海边上"（《历史》7.89）——也就是诗歌中"宽阔的湖泊"。环形的光头是邻近民族阿拉伯人的风俗（《历史》3.8），犹太人是严禁剃光头的（利19:27；参耶9:26）。

① 优西比乌在《为福音书预备》9.5中也引用了这一文本。

② 克利阿科斯在他的作品《论教育》中，提到印度的苦行僧是波斯祆教僧侣（the Magi）的后人；第欧根尼·拉尔修（Diogenes Laertius，proem 9）是我们常常参考的作家，他说，"有人坚持认为，犹太人也是波斯祆教僧侣的后裔。"麦迦西尼也认为犹太人是从婆罗门教（Brahmans）传承而来的（Clem. *Strom*.1.15）。

③ 卡拉努斯（Calanus）是一个苦行僧的名字，曾经跟随亚历山大大帝，后来在亚历山大的军队中自焚而死（Plut. *Alex*.65等）。

叫犹太人，因为他们居住的地方称为犹大地，他们的城市有个特别奇怪的名字，叫赫尔索利马。(180)这个犹太人有一大群朋友招待他，他正在旅途中，从内陆往沿海方向前行。这个犹太人不仅会说希腊语，还有希腊人的精神。(181)我在亚洲期间①，这个犹太人和我造访了同样的地方，并且还与我和其他一些学者交谈，考验我们的学识。但显然他认识很多有教养的人，而且关系密切。因此与其说他在考我们，不如说他本人的修养带给我们不少学习的地方。"

(182)这些就是亚里士多德的话，是克利阿科斯记录下来的。接下来，亚里士多德讲述了这个犹太人伟大而惊人的耐性和谨慎，这可以从他的行事为人上看出来。如果有必要的话，可以从克利阿科斯的书中获得更多的信息。我尽量克制自己不要引用太多的记录。

海卡台欧

(183)亚里士多德提到我们犹太人的故事，是克利阿科斯在讲述其他话题时插入的。阿比得拉的海卡台欧（Hecataeus of Abedera）②提供的是另一类的证据。海卡台欧是一位哲学家，也是一位非常能干的人。

---

① 在米西亚（Mysia）的阿塔纽斯（Atarneus），和他的朋友赫尔米亚（Hermias）在一起，大约在公元前347—前344年。

② 海卡台欧（公元前4—前3世纪）写过有关犹太人的作品，这是肯定的。也许这是一部独立的作品，也许是他编写的《埃及史》的一部分。但同样可以肯定的是，也有人冒用海卡台欧之名撰写犹太人的作品。有人认为下面的摘录是海卡台欧的原作，关于亚历山大和他的继承人那个时代发生的事情则有所保留。

他在亚历山大大帝统治时期出名，后来与拉古斯的儿子托勒密（Ptolemy，son of Lagus）交往为伍。

1. 海卡台欧写了一本关于犹太人的书

海卡台欧不是顺便提到我们犹太人，而是写了一本书，全部是讲犹太人的事情。我想从他的书中简要地摘录一些章节。（184）首先，我要确定这本书的写作时间。海卡台欧在这本书中提到了托勒密和德米特里（Demetrius）之间的战争，地点在迦萨（Gaza）附近。根据卡斯特（Castor）①的记录，这场战争是在亚历山大去世后第十一年发生的，当时正值第一百一十七个奥林匹克年[公元前 312 年]。（185）在这个奥林匹克年的标题下，卡斯特写道：

在这一年，拉古斯的儿子托勒密在迦萨的一场战斗中，战胜了安提古（Antigonus）的儿子德米特里，德米特里的姓氏是坡留莱特（Poliorcetes）。

众所周知，亚历山大死于第一百一十四个奥林匹克年[公元前 323年]。因此，很明显，我们的民族无论是在托勒密统治时期，还是在亚历山大统治时期，都是非常壮大的民族。

2. 犹太人移民到亚历山大

（186）海卡台欧继续说道，迦萨的战争结束后，托勒密成为叙利亚的主人。许多居民听说托勒密的仁慈和友善，就愿意跟随他去埃及，成为

---

① 编年历史的作者，约公元前 2 世纪。

他王国的属民。

(187)[海卡台欧说,]在这些人当中,有一个人叫西希家(Ezechias),是犹太人的一个祭司长①,大约六十六岁,在他的同胞中备受尊崇,善于思考;最重要的是,他是一个干练的演说家,而且很会做生意,没有人比得上他。(188)然而,[海卡台欧继续说,]在犹太人当中,有资格领受他人收入的十分之一奉献,并且管理公众事务的祭司,总数有一千五百人。

(189)关于西希家这个人,海卡台欧继续说道:

西希家这个人,在他获得这个荣誉,并且与我们密切交往后,就召集了他的一些朋友,向他们朗读[一份声明,表明移民的]所有好处;因为西希家在声明里,描述了移民定居的条件和相关的政治地位。

(190)在另一段内容中,海卡台欧提到了犹太人对律法的尊重,以及我们如何坚定地选择并持守律法作为一种荣耀,宁愿承受一切代价,也不愿违背其中的诫命。

3. 犹太人对律法的忠诚

(191)海卡台欧说:

---

① ἀρχιερευς(没有定冠词)不一定是指"大祭司"。西希家这个名字在别的地方没有出现过。当时的大祭司似乎应当是奥尼亚(Onias,参《犹太古史》11.347)。

犹太人作为外人眼中的一个国家,无论是邻近民族还是外地来客的诽谤,即便是波斯国王和总督频频爆发的怒火,也不能动摇他们的决心。为了这些律法,他们虽赤身裸体,手无防卫,面对最可怕的处死方式,也不愿背叛他们先祖的信仰。

(192)关于犹太人在护卫律法上的执着和顽强,海卡台欧提供了几个例子。他说有一次,亚历山大决定在巴比伦重建被毁的贝勒斯神庙(temple of Bel)①。他下令所有的士兵都要供献土建的材料,谁也不能例外。可是,唯独犹太人拒绝服从亚历山大的命令,甚至不惜接受严厉的惩罚和巨额的罚金,直到亚历山大赦免了他们,同意免除他们这个义务。(193)同样,当侵略者在犹太人的土地上修建神庙和祭坛时,犹太人把它们统统推倒,有时他们必须为此支付罚金,有时会得到赦免。海卡台欧说,犹太人的这种行为值得敬佩。

4. 犹太人庞大的人数

(194)接着,海卡台欧谈到犹太人庞大的人数。他说,尽管波斯人②已经把我们民族中众多人驱逐到巴比伦,但是在亚历山大死后,由于叙利亚动荡不安的局势,又有极多的犹太人移民到埃及和腓尼基。

---

① 亚历山大修建贝勒斯神庙的事迹在阿利安(Arrian)的书中有记载,*Exped. Alex*.7.17;斯特拉波(Strabo)也记录了这件事。这些注解都是雷内克提供的。

② 海卡台欧写错了,应该是迦勒底人。有人说海卡台欧的作品有可能是假冒的伪作;但那人应该不会是犹太人,因为犹太人不可能犯这样的错误。

(195)这位作者也提到我们居住的土地的面积和美丽,他是这么说的:

（196）犹太人占领了近三百万阿如瑞①最肥沃丰饶的土地,那里生长着各样的水果。这就是犹大国的面积。

5. 耶路撒冷和圣殿

(197)海卡台欧还提到我们世世代代居住的耶路撒冷城,描述了这座城市的面积和无比的美丽,以及城市众多的人口和圣殿的建筑:

犹太人有很多城堡和村庄,分布在他们国家的不同地方②,但是只有一个有防御的城,周长大约五十斯塔德(stade)③,城市人口约有十二万,他们叫它耶路撒冷④。(198)在城市的中央,竖立着一道石墙,围成一块区域,大约五皮勒特拉(Plethra)⑤长,一百肘

---

① 即 3000000×2025 平方米,参 86 节脚注。

② 在约瑟夫的时代,单单在加利利地区,就有二百零四个城市和村庄(参《自传》235 节)。

③ 一斯塔德(stade)比一浪(furlong,约 1/8 英里或 201 米)略长。50 斯塔德(即 10 公里)是夸张的说法,其他人估计是 40 斯塔德(Timochares,参优西比乌《为福音书预备》9. 35;Aristeas, 105);33 斯塔德(约瑟夫,《犹太战记》5. 159);27 斯塔德("叙利亚的土地测量员",参优西比乌《为福音书预备》9. 36,这是公元前 2 世纪的数字,应当是最接近的)。

④ 即"赫尔索利马"。

⑤ 一皮勒特拉等于 100 希腊尺(约 98 英尺,29.87 米)。

宽①,有两扇门可以进入。在围墙里面有一个正方形的祭坛,是用未经砍凿和加工的石头堆起来的,每边都是二十肘长,十肘高。(199)在祭坛旁边有一座宏伟的建筑,里面有香坛和灯台,都是金子做的,重两个他连得。灯台上的灯是点燃的,昼夜不熄。整座建筑里面没有一座雕像或许愿的祭物,也没有植物的形迹,好像神圣的树林或诸如此类的东西。祭司日日夜夜都在这里,施行各种洁净的礼仪。他们在圣殿里是不能喝酒的②。

6. 犹太弓箭手莫苏兰慕斯的故事

(200)随后,海卡台欧证实犹太人加入了亚历山大大帝和他继任者的征伐。有一个发生在行军路上的故事,故事的主人公是一个犹太士兵。海卡台欧说这是他亲身经历的事情。(201)我将引用他自己的话来讲述这个故事:

> 当时我正在前往红海的行军路上,有一支犹太人骑兵护卫队和我们一起前行。其中有一个士兵叫莫苏兰慕斯(Mosollamus)③,非常聪明,身强力壮。无论是希腊人还是野蛮人,都一致承认莫苏兰慕斯是最好的弓箭手。(202)莫苏兰慕斯发现很多士兵在路上跑来跑去,有一个占卜的人正在观察飞鸟进行占卜,妨碍了整支队伍的进

---

① 这里似乎又有夸张。根据居鲁士的谕旨,圣殿的宽度是 60 肘。
② 《利未记》10:9;《以西结书》44:21;参本书 2.108。
③ 米书兰(Meshullam,拉 8:16)的希腊文拼法。

程。(203)莫苏兰慕斯询问停顿的原因，于是占卜的人就指给莫苏兰慕斯看他正在观察的鸟，并告诉莫苏兰慕斯，如果那只鸟停在原地，为了大家的好处，军队应当暂停。鸟动弹起来往前飞，军队就前进；鸟往后飞，军队就应当撤退。(204)莫苏兰慕斯一言不发，拉开弓，一箭射死了那只鸟。占卜的人和其他一些士兵非常愤怒，都纷纷咒诅他。"你疯了吗？你这个恶棍！"莫苏兰慕斯就反驳他们，然后把鸟拿在手里，又对他们说，"请问，这只鸟连自己的性命都保不住，又怎能告诉我们有关行军的可靠消息呢？如果它真的知道神的旨意，就不会到这个地方来，因为它会害怕被犹太人莫苏兰穆斯的箭射死。"

阿伽沙西迪

(205)我引用海卡台欧的资料已经足够了。谁如果想要研究这方面的话题，可以随意阅读他的作品。另外还有一位作者，我迫切地想要提到他的名字，虽然他提到我们，只是为了嘲笑我们的愚蠢，这是他的看法——他就是阿伽沙西迪(Agatharcides)①。(206)阿伽沙西迪讲到斯特拉多妮可(Stratonice)②的故事。斯特拉多妮可抛弃她的丈夫德米特里(Demetrius)，从马其顿来到叙利亚。但是塞琉古拒绝娶她，她很失

---

① 科尼多斯(Cnidos)的阿伽沙西迪，在公元前 2 世纪撰写了很多历史和地理著作，其中有一部作品是专门讲解红海的。

② 斯特拉多妮可，安提阿古一世(Soter)的女儿。她嫁给了马其顿的德米特里二世(Demetrius II)。大约在公元前 239 年，当德米特里签订第二份婚约时，斯特拉多妮可逃到她外甥塞琉古二世(英俊的胜利者，Seleucus II Callinicus)那里寻求援助。有关这个故事的记载，查士丁(Justin)的记录略有不同，参 28.1。

望。因此当塞琉古从巴比伦出发去征战的时候,斯特拉多妮可在安提阿(Antioch)发动叛乱。(207)塞琉古回来后,攻克了安提阿。斯特拉多妮可逃往塞琉西亚(Seleucia)①,本来她打算坐船立刻出发,但却因为一个梦而耽搁了,最后被逮捕处死。(208)阿伽沙西迪讲了这个故事,并嘲笑斯特拉多妮可的迷信,然后他提到一个关于犹太人的故事。以下是他的描述②:

(209)那个称为"犹太人"的民族居住在一座特别坚固的城市,当地人称之为耶路撒冷。犹太人有一个风俗,就是在每个星期的第七天,必须远离一切工作。每当这个日子,犹太人不能携带武器,不能干农活,也不能从事任何形式的公众服务,只能在圣殿里,举起双手祷告,直到黄昏。(210)由于耶路撒冷的犹太居民固守他们愚笨的风俗,没有保护自己的城市,结果拉古斯的儿子托勒密趁机带领军队进入耶路撒冷③。整个地区因此落入这个残酷统治者的手中。(211)这件事情暴露了犹太人固守律法规定风俗的弊端,并告诉全世界——除了犹太人之外——一个教训,就是不要固守关于律法的梦想和传统的幻想。总有一天,律法会变得难以承受,违背人的理性。

---

① 塞琉西亚皮埃里亚(Seleucia Pieria),叙利亚的港口,靠近奥龙特斯河(Orontes)的入海口。

② 在《犹太古史》12.6 中,约瑟夫也引用了这个故事,内容经过压缩。

③ 时间不详。亚庇安(Appian)指的是托勒密一世攻克耶路撒冷的事件(Syr. 50)。

（212）阿伽沙西迪觉得这样的风俗非常荒谬；但公允的评论家会认为这是一种壮举，非常值得称赞，竟然有人如此看重并恒切遵守他们的律法和信仰，过于自己的生命和国家的命运。

希洛尼谟恶意的沉默

23. （213）一些历史学家忽略我们民族的历史，并不是出于无知，而是出于妒忌，或其他一些言不由衷的理由，我想我可以证明这一点。（214）希洛尼谟（Hieronymus）①编写了亚历山大继承者的历史，他和海卡台欧是同一时代的人物。因着和国王安提古（Antigonus）②的友谊，他成为叙利亚的统治者。然而不同的是，海卡台欧专门为我们写了一整本书，而希洛尼谟虽然和我们几乎住在同一个疆界内，但是在他的历史中，却没有一处提到我们。两个人的观点竟然如此大相径庭：一位认为犹太人非常值得重视；而另一位心术不正，对真相完全视而不见。（215）尽管这样，我们犹太人古老的历史可以从埃及人、迦勒底人和腓尼基人的记载中得到充分的证明，更不用说众多的希腊历史学家了。

———————————————————

① 色雷斯切索尼斯（Thracian Chersonese）的卡迪亚人（Cardia），约公元前360—前265年。希洛尼谟编写的亚历山大继承者的历史，记录了从亚历山大死后到皮洛士（Pyrrhus）时期的历史，是关于这段历史最主要的权威著作。只有约瑟夫在这里提到他被委任为叙利亚总督的事情，其他文献从未有记载。
② 别名"独眼"（the One-eyed），约公元前381—前301年，亚历山大的将军，亚历山大死后成为亚细亚的君主。

更多的希腊见证人

（216）除了已经提到的希腊作家以外，像提阿非罗（Theophilus）、塞奥多图（Theodotus）、纳塞亚斯（Mnaseas）、阿里斯托芬（Aristophanes）、赫谟根尼（Hermogenes）、欧赫美洛（Euhemerus）、科纳（Conon）、宙匹里昂（Zopyrion）等①，也许还有更多——因为我的阅读范围有限——都不只是偶然提及我们。（217）这些作者中的大多数人都歪曲了我们犹太人早期历史的真相，因为他们没有读过我们的圣书。但他们都不约而同地见证了我们古老的历史，这一点恰恰是我当前所关注的。（218）德米特里·法勒如（Demetrius Phalereus）②、老腓罗（elder Philo）和欧波来姆（Eupolemus）③属于例外，他们的记载比较接近真相，［他们的错误］可以原谅，也许他们是无法准确地理解犹太人记录的含义。

---

① 约瑟夫可能是通过二手资料得知这些人名，是他在罗马的文友［亚历山大·坡利息斯特（Alexander Polyhistor）或是大马士革的尼古拉（Nicolas of Damascus）］写的资料，或他们口头提供的。我们很难识别这些人是谁：塞奥多图（如果这个作者写过一首关于示剑的六韵诗，还写过底拿的故事）可能是撒玛利亚人；纳塞亚斯在本书 2.112 和《犹太古史》1.94 中也有提到；阿里斯托芬可能就是著名的亚历山大图书馆馆长；欧赫美洛以理性解释希腊神话闻名。

② 约公元前 345—前 283 年，雅典的雄辩家，后来在托勒密一世时期成为亚历山大图书馆馆长。阿里斯提（Aristeas）和约瑟夫都曾称赞这位德米特里，说他积极促进了希腊文版本摩西五经的诞生。但在这里，约瑟夫很可能把他和另一个德米特里混淆了，后者是一位犹太历史学家。

③ 公元前 2 世纪的犹太作家，写作内容和圣经有关。"老腓罗"是史诗诗人，欧波来姆是历史学家。

反对闪族的毁谤

24. (219)我仍然需要回应在本书的开始部分所提出的一个话题①。有一些人指控和中伤我们犹太民族,我要揭露他们的论断是虚妄的,还要引用他们当中作者的话,证明他们的指控是错误的。

对其他民族的类似毁谤

(220)因着某些人的敌意,很多民族都遭受同样的命运。我想,所有爱好历史的读者都清楚这一点。(221)有很多作者试图玷污其他民族的名誉以及那些最杰出的城市,辱骂他们政府的制度。赛奥旁泊(Theopompus)②抨击雅典(Athens);波吕克拉底(Polycrates)③批评拉克代蒙(Lacedaemon);《三国书》(*Tripoliticus*)④的作者(有人认为是赛

---

① 第 4 节及后面的内容。

② 开俄斯(Chios)的赛奥旁泊,约公元前 378—前 300 年,是伊索克拉底(Isocrates)的学生,一个尖刻的历史学家。

③ 阿特纳奥(Athenaeus)4.139D 提到波吕克拉底的 *Laconica*;可能是公元前 4 世纪雅典的诡辩家。

④ 《三国书》,又名《三头书》,是一本抨击雅典、斯巴达和提比斯的册子,是赛奥旁泊的敌人兰萨库(Lampsacus)的阿那克西米尼(Anaximenes)假冒他的名字发表的。阿那克西米尼非常成功地模仿了赛奥旁泊的文风,引起了人们对赛奥旁泊的公愤(Pausan.4.18.3)。

奥旁泊,但肯定不是他)把提比斯(Thebes)列入批评的清单;蒂迈欧(Timaeus)①在他的历史书中任意辱骂上面这三个国家,还有其他的国家。(222)对最有名望的人,他们的批评最恶毒,有的是出于妒忌和敌意,有的则相信新奇的语言会使他们获得名声。那些愚昧的读者果然相信了他们;然而明察秋毫的人应当严厉指责他们的堕落。

埃及人是这些毁谤的源头;他们污蔑犹太人的原因

25. (223)这些针对我们犹太人的诽谤,最初起源于埃及人。一些作者为了讨好他们,不惜歪曲真相。他们错误地编写我们的祖先进入埃及的境遇,又同样捏造出一个他们离开埃及的故事。(224)埃及人有很多理由憎恨和妒忌我们。起先我们的祖先统治过埃及,那时埃及人就愤愤不平②。后来,当我们的祖先离开埃及,回到他们自己的土地上时,他们重新繁荣,埃及人也很不高兴。此外,埃及人和犹太人的宗教③之间存在鲜明的差异,也造成了埃及人对我们的极度仇恨。(225)因为我们的宗教与他们中间流行的风尚完全不同,犹太人神的本性与无理性的野兽也完全不同。埃及人把动物当作神,这是他们的风俗,并且这种风俗普遍存在,虽然不同的地域对动物的敬畏程度有所不同④。这些轻佻肤

---

① 绰号"挑刺者",参第 16 节的注释。
② 即族长约瑟的时代。看来约瑟夫把喜克索斯人当作犹太人祖先(103 节)。
③ 或译"民族国家"。
④ 参 Juvenal *Sat*.15 和本书 2.65 及后面的内容。

浅和全然愚昧的人,他们从一开始就习惯于那些关于神的错误观念,不能效仿我们神学中的庄重肃穆。看见我们拥有众多的仰慕者,他们满心妒忌。(226)一些埃及人太执着于他们的愚蠢和狭隘的思想,以至于他们毫不犹豫地篡改他们祖先的历史记录。不仅如此,在他们盲目的热情下,他们丝毫没有察觉到他们所写的历史实际上是自相矛盾的。

曼尼托的诽谤

26.(227)我想要花些笔墨阐述的第一位作家,我曾经在前面引用过他的文字①,证明我们拥有古老的历史——他就是曼尼托。(228)这位作者承诺他从埃及的圣书中翻译了埃及的历史。在开头部分,他记述我们的祖先成千上万地进入埃及,征服了当地居民,接下来他又承认后来犹太人被赶出埃及,占领了现在的犹太地,建立了耶路撒冷,并建造了圣殿。

出埃及的故事

(229)到此为止,曼尼托是遵循了编年历史。但从这里开始,曼尼托借鉴一些虚构的故事记载和当时对犹太人的传闻,随便引入一些令人难以置信的谣传,企图把我们描述成一群该死的病人,中间混杂着埃及的麻风病人和其他一些疾病患者②。曼尼托断言,我们是一群受咒诅的病

---

① 73 节。
② 也许是指牛皮癣,参《申命记》28:27。

人，是被埃及驱逐出境的。

阿蒙诺菲斯和麻风病人的故事

（230）曼尼托虚构了①一个国王，名字叫阿蒙诺菲斯（Amenophis），是一个想象出来的人物，因此曼尼托不敢确定他的统治时间（其他提及的国王，曼尼托都加入了相关的准确年份）。曼尼托把某些传说加到阿蒙诺菲斯的身上，他可能忘记了自己已经在前面声称，牧人们离开埃及出发去耶路撒冷是五百一十八年以前②发生的事情。（231）因为牧羊人是在帖斯姆希斯（Tethmosis）③统治时离开的，而且根据曼尼托的记录，随后的王朝跨越三百九十三年④，直到两个兄弟——赛特斯（Sethos）

① 原文直译为"添加"。
② 约瑟夫的批评是不合理的。曼尼托清楚地记载，有两次从埃及被驱逐的事件：（1）喜克索斯人，他们建立了耶路撒冷（85—90 节）；（2）麻风病人，他们在奥撒斯弗（Osarsiph＝摩西）的带领下，和喜克索斯的后裔一起，回归并占领了埃及（232—250 节）。曼尼托认为在阿蒙诺菲斯统治时期，发生了第二次驱逐事件，这里存在疑问。但是约瑟夫称阿蒙诺菲斯是"一个想象出来的人物"，也是没有道理的。曼尼托提到过三个叫阿蒙诺菲斯的国王（95—97 节）。虽然约瑟夫是在批评曼尼托，但是根据他计算的 518 年的间隔时间（＝393＋59＋66，参 231 节及后面的内容），显然他说的是较晚期的阿蒙诺菲斯四世（Amenophis IV）。根据大多数注释家的看法，这也是曼尼托的意思。然而，也有学者认为曼尼托在这里所说的是阿蒙诺菲斯三世（97 节）。
③ 94 节；帖斯姆希斯＝苏姆希斯，88 节。
④ 参 103 节。

和赫美斯（Hermaeus）①——统治埃及的时候。曼尼托说，赛特斯用了埃古普托斯的名字，赫美斯用了达那俄斯②的名字。赛特斯在赶走赫美斯之后，统治了五十九年，他的长子拉美西斯（Rampses）继承王位，统治了六十六年。(232)这样，曼尼托承认我们的祖先离开埃及之后经历的那些岁月，然后他就添加了这位虚构的阿蒙诺菲斯。

　　曼尼托写道，阿蒙诺菲斯希望能够像他的一位先王奥尔（Or）③那样，得到来自众神的异象。他把自己的愿望告诉了一个与他同名的人，也叫阿蒙诺菲斯，是帕比斯（Paapis）④的儿子，这人有从神而来的能力，拥有对未来的智慧和知识，被看作是神的标记。(233)这位同名的人回答说，如果阿蒙诺菲斯王能够洁净整个国家的麻风病人和其他污秽的人，他就能看见众神。(234)听到这个信息，国王很高兴，并召集了埃及所有的残疾人，总计八万，把他们送到尼罗河东岸的采石场⑤工作，与其他的埃及人隔离。(235)这个同名的人又说，还要驱赶一些有学问的祭司，他们也感染了麻风病。然后这个聪明的预言家阿蒙诺菲斯开始感到恐惧，他担心如果施加在这些伤残病人身上的暴力被发现的话，会招致

---

① 又称为"哈麦斯"，98 节及后面的内容。

② 102 节。

③ 就是奥鲁斯，埃及第十八王朝的第九个国王（96 节）；曼尼托可能把他和神明荷鲁斯（Horus）混淆了。希罗多德（《历史》2.42）讲述了一个类似的故事，就是赫拉克勒斯在埃及想要从提比斯的宙斯（Zeus，阿蒙 Amun）那里得到异象。

④ 帕比斯可能是历史人物，也就是阿蒙诺菲斯（Amenothes 或 Amenophis），哈皮（Hapi）的儿子，阿蒙诺菲斯三世的大臣。

⑤ 参希罗多德《历史》2.8。

众神对他和国王的愤怒。(236)于是他接着预言说,这些污秽的人会找到一些同盟,他们会成为埃及的统治者,统治埃及十三年。他不敢亲自把这个预言告诉国王,但是留下了完整的书面陈述,随后就结束了自己的生命。国王非常沮丧。

(237)随后曼尼托继续写道(我引用他的原话):

当那些伤残病人在采石场处在漫长的煎熬中时,国王阿蒙诺菲斯同意了他们的请求,分派他们到一个被牧羊人遗弃的城市定居,并加以守卫。这个城市叫奥瑞斯,根据古代的神学典故,是奉献给堤丰(Typhon)①的。(238)于是伤残病人来到奥瑞斯。现在,他们有了一个地方,可以作为反叛的基地。有一个来自赫利奥波利(Heliopolis)的祭司,名叫奥撒斯弗(Osarsiph)②。他们委任他做众人的领袖,并发誓听从他的所有命令。(239)奥撒斯弗颁布的第一条法律,规定他们不能敬拜众神,也不要忌讳吃动物的肉——虽然这些动物在埃及受到特别的崇敬——而是要把它们都杀死并吃掉。此外,除了他们自己的同盟成员外,他们不能和任何其他人联系。(240)奥撒斯弗设立了这些规定,又制定了大量其他的法律,都是与埃及的习俗完全对立的。随后,他命令所有人修建城墙,准备与阿蒙诺菲斯国王开战。(241)然后,经过与其他祭司和像他一样污秽的人协商后,奥撒斯弗派遣一个使者前往那称为耶路撒冷的城,向

---

① 参 78 和 86 节。

② 参 250 节。

那里的牧羊人——他们是被帖斯姆希斯放逐的——陈述自己和他那些愤怒同伴的立场，并邀请牧羊人加入联合远征军队，共同对抗埃及。奥撒斯弗许诺保护牧羊人先回到他们祖辈的家乡奥瑞斯，并为他们提供充足的供应，当有需要的时候将为他们而战，不费吹灰之力，就能让埃及屈服。（242）牧羊人听到这个建议，非常高兴，所有人都急着出发，人数多达二十万，不久便到达了奥瑞斯。

（243）他们入侵的消息让埃及国王阿蒙诺菲斯感到极度不安，他回想起帕比斯的儿子阿蒙诺菲斯的预言。（244）他急忙召集埃及人，在和他们的首领商议后，阿蒙诺菲斯派人去接来了在神庙里最受崇敬的动物神明，并命令各个地方的祭司把众神的像藏起来，藏得越安全越好。阿蒙诺菲斯有一个五岁的儿子赛特斯，又称为拉美西斯，是以他祖父的名字拉姆帕斯①命名的。阿蒙诺菲斯把他的儿子托付给一个②朋友照顾。（245）随后，阿蒙诺菲斯率领三十万埃及最精锐的战士渡过［尼罗河］，与敌军相遇。然而，阿蒙诺菲斯并没有与敌军交战，相反，因为他相信自己是在和众神对抗，于是返身撤退，并聚集在孟菲斯城（Memphis）。（246）在那里，阿蒙诺菲斯带上阿皮斯（Apis），还有其他那些他从前下令带到孟菲斯的神圣动物，然后立刻带着他的所有军队和埃及百姓，出发去埃塞俄比亚。那里的国王欠他的人情，愿意提供帮助。（247）埃塞俄比亚国王欢

---

① 这里的家谱和雷内克的观点吻合，故事中的阿蒙诺菲斯国王（约瑟夫认为是想象出来的人物，230 节）就是阿蒙诺菲斯三世（Amenophis III）（参 97 节）。
② 直译为"他的"。

迎阿蒙诺菲斯的到来,用举国的出产来维持阿蒙诺菲斯所有人等的消费需要,还分配城市和村庄给他们居住,足以让他们度过命中注定的十三年放逐时期。此外①,他还在埃及边境驻扎了一支埃塞俄比亚军队,保护阿蒙诺菲斯国王和他的臣民。

(248)这就是发生在埃塞俄比亚的情形。与此同时,索里米特人(Solymites)②和那些污秽的埃及人一起下来③,他们对待当地居民的方式极其亵渎,当地居民把他们当作敌人,因为他们不敬不虔。相比之下,从前牧羊人的统治就像金色时代④一样。(249)这群人在城市和村庄里放火,掠夺神庙,毁坏神像。这还不够,他们还常常把至圣所当作厨房,用来烧烤被尊为神的动物,还强迫祭司和先知屠杀这些动物,切开它们的喉咙,剥它们的皮。(250)那个给他们颁布制度和法律的祭司是个赫利奥波利人,名叫奥撒斯弗⑤,是根据赫利奥波利的神明俄西里斯(Osiris)而取的名字。当他来到这群人中间的时候,他将名字改成了摩西(Moses)。

27. (251)这些就是埃及人对犹太人的闲言碎语。诸如此类的记录还有很多,为了缩短篇幅,我省略了其他的资料。曼尼托继续写道,后来,阿蒙诺菲斯率领庞大的军队从埃塞俄比亚出来,他的儿子

① 或"最重要的是"。
② 也就是赫尔索利马的居民(241节);参173节及相关的脚注。
③ 或"回来"。
④ 直译为"黄金"。
⑤ 参238节。

拉姆帕斯率领另一支军队,两支军队攻击并打败了牧羊人和污秽人群的联盟,杀死了他们很多人,并追赶剩下的人,一直到叙利亚的边界。这就是曼尼托的记录,此外还有很多类似的内容。(252)曼尼托的论述中存在明显的谬误和不真实之处。在开始揭露他的问题之前,我先做一个初步的评论,这个评论与后面针对其他作者的回答也有关系。曼尼托提供我们一个事实。他首先承认,我们的种族不是起源于埃及,而是从别处进入埃及,征服埃及,随后又离开埃及。(253)进一步的事实是,在后来的故事中,犹太人并没有和埃及的伤残人混在一起。至于摩西,我们民族的领袖,跟那些伤残人更是相隔很远,他生活的时代比曼尼托描述的要早很多。现在,我将努力用曼尼托自己的论述来证明我的观点。

驳斥曼尼托的故事,其中有很多荒谬之处

28.(254)首先,这是曼尼托虚构的故事,它的根本前提就是荒唐的。他说国王阿蒙诺菲斯渴望见到众神。是什么众神?如果是埃及人的法律所指的神——公牛、山羊、鳄鱼和狗脸狒狒——那他早就见过它们了。或者是天上的神——他又怎么能够看见他们呢?(255)为什么阿蒙诺菲斯会有这样强烈的愿望呢?因为,的确①在他之前有一位国王②曾看见过

---

① 直译为"(是的,)以宙斯的名义"。这是一个普通的希腊短语,在一本犹太人的著作中出现,看上去有些奇怪。本书2.263也出现了这个短语。

② 奥尔(232节)。

他们。因此,他已经①从他的先辈那里知道这些事情:那些神是什么样子,如何看到他们。所以,阿蒙诺菲斯不需要自己设想新的途径。(256)此外,和阿蒙诺菲斯同名的预言家也是一位圣贤,阿蒙诺菲斯希望通过他的帮助来实现自己的愿望。这个预言家怎么没有预见到,实现这个愿望是不可能的呢?而事实上,这预言也的确没有兑现。又是根据什么理由,把看不见众神归因于残疾人或麻风病人的存在?不敬虔才会激起众神的愤怒,而不是身体上的残疾。(257)再说,八万个麻风病人和残疾人怎么可能在一天内②聚集起来?为什么国王忽略了预言家的建议?预言家已经建议他要从埃及消灭残疾人,但国王却把他们送到了采石场,看上去他要的是劳力,而不是要决心洁净他的国家。(258)曼尼托后来又说,这个预言家自杀了,因为他预见到众神的愤怒和将要临到埃及的事,他把他的预言写在纸上,留给国王。为什么这个预言家一开始不能预见到他自己的死亡呢?(259)他可以从一开始就反对国王想见众神的愿望,为什么他不这么做呢?他害怕那些不会发生在他自己人生中的厄运,这合乎情理吗?还有什么事情比他这么匆匆了结自己的生命更不幸的事情呢?

(260)还是让我们看一下整个故事中最荒诞的情节。虽然阿蒙诺菲斯得到预言家的警告,对将来的命运感到恐惧,但他还是没有把残疾人驱赶出埃及——尽管预言家告诉他要将残疾人清除干净——反而听从他们的要求,给他们一座城市叫奥瑞斯,(根据曼尼托的说法,)那里曾经

---

① 可能应该在这里插入 ἄν,就是"因此可能知道"。

② 234 节没有提到这点。

是牧羊人的聚居地。（261）曼尼托继续写道，残疾人在奥瑞斯聚集，选举出一位领袖，曾经是赫利奥波利的祭司。他下令不能敬拜众神；不要忌讳吃在埃及受到崇敬之动物的肉，而是要把它们都杀死并吃掉；除自己的同盟成员之外，不能和任何其他人联系。这个领袖强迫他的跟从者发誓严格遵守这些律法，随后他在奥瑞斯修筑防御工程，并向国王阿蒙诺菲斯宣战。（262）曼尼托又说，他们的领袖同时派人去耶路撒冷，邀请那里的居民与他结盟，并承诺如果他们从耶路撒冷出来，可以在奥瑞斯城他们祖先的家乡居住，把这座城市作为征服整个埃及的基地。（263）曼尼托继续写道，在那里，他们聚集了一支二十万人的大军。埃及国王阿蒙诺菲斯认为对抗众神是错误的，于是把阿皮斯和其他一些神圣的动物委托祭司看护，自己逃到埃塞俄比亚。（264）耶路撒冷人统治了埃及，他们破坏城市，烧毁寺庙，残杀祭司，总之沉溺于各种罪行和暴行。（265）根据曼尼托的说法，给他们规定制度和法律的祭司是赫利奥波利人，名叫奥撒斯弗，起源于赫利奥波利的神俄西里斯；但是奥撒斯弗把他的名字改为了摩西。（266）作者又说，过了十三年——也就是阿蒙诺菲斯命中注定的放逐期——他率领一支庞大的军队从埃塞俄比亚出发，攻击并打败了牧羊人和残疾人的联盟，追逐他们，一路赶尽杀绝，直到叙利亚边界。

29.（267）在这里，曼尼托又一次没有意识到，他虚构的故事有很多不可能的地方。无论从前麻风病人和残疾人对国王和其他听从预言家的指示并恶意对待他们的人有多么愤怒，但是可以肯定，当他们离开采石场，并得到国王所赐的城市和土地后，他们对国王的情绪应当已经平息。（268）即使他们对国王阿蒙诺菲斯仍旧怀恨在心，也只会密谋对付他一个人，不会对整个民族宣战，这样做显然会把他们众人的很多亲属也牵扯进去。(269)就算他们决定和埃及人打仗，他们也绝不会冒险与埃及人的神交战，更不会制定法律直接反对埃及人的法规，因为他们是在这些法规下长大成人的。(270)尽管这样，我们必须感谢曼尼托，根据他的陈述，这些违背律法的事件不是起源于来自耶路撒冷的移民，而是埃及人自己。尤其是埃及人的祭司，他们构想了这些规条，并且强迫百姓起誓遵行。

(271)我们又看到，这里的假设多么荒谬。一方面，他们自己的亲属和朋友都没有加入反抗，和他们共同承担战争的危险；另一方面，这些被遗弃的贱民派人到耶路撒冷，并从那里获得了援助的人手！(272)难道他们从前有什么联盟或关系吗？恰恰相反，耶路撒冷人是他们的敌人，风俗习惯与他们完全相反。但是曼尼托却说，耶路撒冷的居民对埃及贱民攻占埃及的承诺言听计从，好像他们没有切身了解过这个国家，而他们当初就是从那里被强制驱逐的！(273)如果说他们当时处境窘迫，或者遭遇不幸，那我们可以相信，他们会愿意承担这个风险；但他们当时住在一座富裕的城市，享受着广阔的国家里出产的果实，比埃及还要丰盛，他们为什么要拿自己的生命去冒险，支持他们以前的敌人，那些残疾人呢？连他们自己民族的人都不能容忍他们。他们当然不会预见到国王会逃走。(274)相反，曼尼托自己告诉我们，阿蒙诺菲斯的儿子①带领三十万大军向佩卢西姆（Pelusium）而来，与他们会战。随着阿蒙诺菲斯的临近，正在进攻的残疾人一方肯定会有所察觉。他们怎么会猜到，阿蒙诺菲斯会改变他的主意，落荒而逃？(275)曼尼托继续写道，在占领埃及

---

① 应该是阿蒙诺菲斯本人，他的儿子当时只有五岁（244 节）。

后,来自耶路撒冷的侵略者犯下了很多可怕的罪行。因为这些事情,曼尼托就谴责他们,好像他本来没有把他们当作敌人,又好像只有入侵的外国人做这些事才应当受到谴责。事实上,在耶路撒冷的牧羊人入侵之前,当地的埃及人也是这样做的,他们还发誓要保持他们的传统。(276)然而在结尾处,阿蒙诺菲斯重返战场,赢得了战争,一路追杀,把敌人赶回叙利亚。看来埃及太容易到手了,无论什么地方来的侵略者,都能够轻易占有它!(277)然而埃及从前的占领者,他们知道阿蒙诺菲斯还活着,尽管他们有足够的资源来做这件事,但他们既没有加固埃及和埃塞俄比亚之间的关卡,他们余下的军队也不做任何准备!曼尼托说,阿蒙诺菲斯驱逐他们一直到叙利亚,一路赶尽杀绝,穿越沙漠荒原。但众所周知,带领一支大军穿越沙漠是相当困难的事情,即便是不打仗的时候,要穿越沙漠也不容易。

曼尼托的供认

30.(278)因此我们有曼尼托的资料为证,说明我们民族不是起源于埃及人①,也没有种族上的混杂。因为推算起来,很多麻风病人和其他病人死在采石场长期的煎熬中,更多人死在之后的战斗中,其他绝大多数人死在最后的决战和溃退中②。

---

① 参 75,104,252 节。
② 雷内克假设这段中有一个缺失部分。因为文本对论点的支持并不明晰。

曼尼托论摩西

31. (279)我还想说一下曼尼托对摩西的看法。有些埃及人认为摩西非同一般,非常神圣,因此想要把他说成是他们中的一员,于是就捏造了令人难以置信的谎话,故意宣称他是一个埃及祭司,因为得了麻风病被赶出赫利奥波利。(280)但是根据编年历史,摩西生活在五百一十八年前①,他带领我们的祖先离开埃及,进入我们现在所居住的国家。

从曼尼托自己的陈述中也可以清楚看到,摩西并没有感染这种身体上的疾病。(281)实际上,摩西禁止麻风病人住在城市或者村庄里,他们必须带上自己的衣物,过着独自流浪的生活。摩西认为,任何人只要接触麻风病人,或者和他们居住在同一屋檐下,他们就是不洁净的。(282)此外,即使这种疾病已经被治愈,病人恢复到正常的状况,摩西还规定了一些特定的洁净仪式——用泉水给他洗澡,剃光他身体所有的毛发——并且还要求康复的病人在进入圣城之前②要奉献各种祭物。(283)相反,如果摩西自己是一个麻风病人,按人们通常的期望,他会对其他遭受同样不幸的人表示出关心和同情。(284)摩西制定的这些律法并不只局限于麻风病人。一个人只要有一点最轻微的缺陷,就没有资格做祭司。

---

① 参 230 节。曼尼托从来没有提到摩西与喜克索斯人的放逐有关系。

② 约瑟夫在这里摘录了有关麻风病人的律法,参《利未记》13 章(尤见 45 节及后面的内容)和 14 章。

此外,如果一个祭司在他的祭司生涯中,不幸遇到这样的意外,他就会被解除职位①。(285)难道摩西有这么愚蠢,或者那些因为有这种疾病而被召集在一起的人那么愚蠢,竟然制定法律来反对他们自己,使自己丢脸或受到侮辱? 再多一个评论。曼尼托说奥撒斯弗把名字改成摩西,这尤其不可相信。(286)他说,这个领头的祭司叫奥撒斯弗。这个名字和摩西并没有什么关系。摩西这个名字真正的意思是"一个从水里被救出来的人";因为埃及人把水称为"mōu"②。

(287)因此我认为,结论十分明显。当曼尼托遵循历史记录时,他不会犯太大的错误。但当他依靠未经证实的传说时,他就开始从中编造最荒唐的故事,或者就去相信那些带有偏见的对手的陈述。

这个故事的察来门版本

32. (288)下一个我要诘问的人是察来门(Chaeremon)③。这位作者同样声称撰写了埃及历史,他也同意曼尼托的说法,认为阿蒙诺菲斯是国王,而拉美西斯是阿蒙诺菲斯的儿子。(289)随后他开始说,伊西斯(Isis)在阿蒙诺菲斯的梦中出现,并责备他在战争中毁坏她的神庙。掌

---

① 《利未记》21:17—23。

② 这个词源在《犹太古史》2.228 中重复出现(附加 *esēs* = "被救的人"),在斐洛的《摩西生平》1.4.17 中也出现过。不过,这个理解现在已经被弃用了。在《出埃及记》2:10,这个名字起源于希伯来语 *mashah*,意为"拉出"。

③ 公元 1 世纪的斯多葛派哲学家,亚历山大图书馆馆长,后来是尼禄的老师。除了他的主要著作之外,他还用象形文字写了《埃及历史》。

管祭祀的文士腓里托包图（Phritobautes）告诉阿蒙诺菲斯，如果他能剪除埃及境内污秽的人群，他就不会再受到惊吓。（290）于是，国王阿蒙诺菲斯聚集了二十五万残疾人，把他们赶出了埃及。这些残疾人的领袖是一个文士，名叫摩西。另外，还有一个神职人员——约瑟（Joseph）[①]！摩西的埃及名字叫提斯真（Tisithen），约瑟的埃及名字叫佩特分（Peteseph）。（291）当他们到达佩卢西姆（Pelusium）时，遇到一群人，数目多达三十八万。这群人是被阿蒙诺菲斯留在那里的，拒绝让他们通过埃及边界。（292）被放逐的残疾人和这群人组成一个联盟，开始向埃及进军。阿蒙诺菲斯没有等到他们进攻，就撇下他怀孕的妻子，逃到了埃塞俄比亚。阿蒙诺菲斯的妻子藏在一个大的山洞中，生下了一个儿子叫拉美西斯。拉美西斯长大成人后，把二十万犹太人赶到了叙利亚，并从埃塞俄比亚接回了自己的父亲阿蒙诺菲斯。

曼尼托和察来门之间的矛盾

33.（293）这就是察来门的描述。我认为，从曼尼托和察来门两人的陈述中可以看到，他们的谎言是不证自明的。事实上，如果他们有一些实际根据的话，就不会有这么大的矛盾了。当然，写谎话的作者并不关心是否与别人一致，他们只是根据自己的幻想杜撰历史。（294）根据曼尼托的说法，驱赶污秽的残疾人是源于国王想要看到众神的愿望。察来门呢，他杜撰了自己的故事，说是伊西斯出现在阿蒙诺菲斯的梦

---

① 也可译为"还有一个叫约瑟，也是一个神职人员"。

里。(295)曼尼托说,是阿蒙诺菲斯向国王建议这种洁净方式的,而察来门却说是腓里托包图。再来看看他们估计的人数有多少相符:一个说是八万,另一个说是二十五万!(296)此外,曼尼托一开始写,阿蒙诺菲斯国王把那些污秽的残疾人丢到采石场,随后给他们一座城市叫奥瑞斯,作为他们的居所,结果导致他们和其他的埃及人交战。在这之后,曼尼托又说,他们请求耶路撒冷的帮助。(297)根据察来门的描述,这些污秽的残疾人在离开埃及的途中,来到附近一个叫佩卢西姆的地方。在那里,他们发现了阿蒙诺菲斯留下的三十八万人。他们和这些人一起掉头进攻埃及,结果阿蒙诺菲斯逃到埃塞俄比亚。(298)然而,察来门的描述中有一个缺陷,他没有说明这么多士兵究竟是谁,是什么时候来的。他们是当地的埃及人,还是外国的移民。他甚至没有解释,为什么国王不允许他们进入埃及。但其实,从伊西斯和麻风病人的梦可以看出,察来门不是一个缺乏想象力的人。(299)察来门还把摩西和约瑟联系起来,把他们看作同一个时代的人物,是一起被放逐的同伴。事实上,约瑟比摩西要早四代人,是在摩西出生一百七十年前去世的①。(300)此外,根据曼尼托的记录,阿蒙诺菲斯的儿子拉美西斯当时是一个年轻人,在他父亲的军队中作战,并与他父亲一起逃到埃塞俄比亚。但是,根据察来门的版本,拉美西斯是在他父亲死后②,在一个山洞

---

① 四代人是根据《出埃及记》6:16—20 计算出来的,大约四十二年算是一代(参创 15:16)。对于犹太人在埃及的时间为四百三十年(出 12:40),约瑟夫则说是四百年(《犹太古史》2.204)。

② 粗心的错误,与察来门的说法相矛盾(292 节)。

中出生的。后来拉美西斯打败了犹太人，并把二十万犹太人赶到了叙利亚。(301)多么草率而多变！首先，察来门漏掉说明佩卢西姆三十八万人究竟是谁。其次，他没有告诉我们四十三万人①的命运，他们是在战争中阵亡了，还是向拉美西斯投降了。(302)然而，最令人惊骇的是，他没有说明他所指的犹太人是谁。或者说，在这两群人中，察来门认为哪一群人是犹太人，是二十五万麻风病人，还是在佩卢西姆的三十八万人。(303)尽管如此，我认为花更多时间来反驳作者是愚蠢的举动，因为连他们彼此之间，都是自相矛盾的。就把驳斥的事留给别人吧，那样比较妥当。

吕西马库的描述更不可信

34. (304)接下来，我要介绍吕西马库(Lysimachus)②。他和前面两位作者提到同样的主题，还是麻风病人和残疾人的虚构故事。但吕西马库编造的故事远比前面两位更不可信，字里行间明显带着苦毒和敌意。他的故事是这样的：

---

① 这个数字是正确的。二十五万麻风病人加上佩卢西姆的三十八万人，一共是六十三万人。这些人中包括前面提到的二十万人(292 节)，约瑟夫询问的是那些剩下的人。

② 亚历山大的作家，年代不明，但晚于纳塞亚斯(Mnaseas，公元前 2 世纪)。吕西马库曾引用纳塞亚斯的作品。在第二卷中，我们会读到更多有关他的事情。在 28 节，吕西马库站在阿皮安一边。

（305）在埃及国王波克霍利斯（Bocchoris）①统治时期，很多犹太人患了麻风病、坏血病和其他疾病，住在寺庙里，靠乞讨为生。患上这些疾病的人数非常多，埃及各地相继发生食物短缺的情况。（306）于是国王波克霍利斯就粮食歉收的事情，派人去求问阿蒙（Ammon）的神谕②。神告诉他要洁净寺庙里不洁净和不敬虔的人，把这些人从圣所赶到旷野中去，淹死那些患麻风病和坏血病的人。因为太阳看到这样的人还活着，感到很愤怒。除此以外，还要洁净寺庙，这样土地才会增加出产。（307）接到神明的旨意，波克霍利斯就召集了祭司和侍从来到祭坛前，命令他们草拟一张不洁净之人的清单，遣送他们到旷野去服兵役。还让他们在麻风病人身上绑上铅块，沉入大海。（308）麻风病人和坏血病人都被淹死了。其他人被集中起来，放逐到旷野，等待死亡。在那里，他们集合在一起，商讨他们的境况。当夜幕降临的时候，他们燃起篝火和火把，设置岗哨，并在随后那天晚上，禁食恳求众神拯救他们。（309）第二天，一个叫摩西的人建议他们鼓起勇气，一直往前走，直

---

① 曼尼托提到一个第二十四王朝的波克霍利斯（约公元前8世纪）。那是阿皮安确定的出埃及的日期（2.17），这也可能是吕西马库所指的。根据约瑟夫（2.16）的意见，波克霍利斯的生活时期要早得多。狄奥多罗斯（Diodorus）也提到一个更老的波克霍利斯（1.65）。像吕西马库一样，塔西陀在《历史》5.3，也把出埃及的时间定在波克霍利斯的统治时期。塔西陀引用了吕西马库的记录，还有其他类似的记录。

② 参塔西陀《历史》5.3，"adito Hammonis oraculo"。阿蒙在利比亚旷野的绿洲中有名的神谕。

到他们来到一个适合他们居住的地方。摩西建议他们不要对任何人表示友善①,不要提供最好的建议,而要提供最坏的建议。还要摧毁他们发现的众神所有的寺庙和祭坛。(310)其余的人都同意了。他们进而把这些决定付诸实行。他们穿越了旷野,在经历了巨大的苦难后,到达了他们栖息之地。在那里他们对当地居民胡作非为,掠夺并焚烧寺庙,直到他们来到一个叫犹大的地方。他们在那里建了一座城市,并且定居下来。

耶路撒冷原来的名字叫耶鲁撒拉

(311)这座城市叫耶鲁撒拉(Hierosyla)②,因为他们喜好亵渎神。后来,当他们地位提高、掌握权力时,他们改了城市的名字,避免这可耻的罪名。他们把这座城市称为耶路撒冷(Hierosolyma),称他们自己是耶路撒冷人(Hierosolymites)。

约瑟夫对故事的评论

35. (312)实际上,吕西马库与前面的作者不同。他提到的这个国王是他自己发明的。他虚构了一个新的名字,但没有提到梦和埃及先

---

① 参 2.121;塔西陀《历史》5.5,"aduersus omnes alios hostile odium"。

② 意思是"掠夺寺庙者的(城市)"。

知，只是说这个国王到阿蒙那里，求问关于坏血病人和麻风病人的神谕。(313)吕西马库说，有人数众多的犹太人聚集在寺庙。那么，他说的犹太人就是指这些病人，还是说犹太人是唯一患上这些疾病的种族？(314)吕西马库说："他们是犹太人。"犹太人是什么人？是外国人吗？还是本国人？如果他们是埃及人，为什么又称他们为犹太人？如果他们是外国人，为什么吕西马库不说他们是从哪里来的？既然国王把他们很多人都淹死在海里，又把剩下的人放逐到旷野，为什么后来还有那么多人活下来？(315)他们如何能够穿越旷野，征服犹太人今天居住的这块土地，并建立一座城市，还修建了一座举世闻名的圣殿？(316)吕西马库只提到了制定律法者的名字，这应该是不够的。他还应当告诉我们他的血统和出身。是什么促使他为那些人起草这样的法律——关于神明以及这些人在路途中给他人造成的伤害？(317)如果他们是埃及人，他们不会这么轻易为他人放弃自己民族的传统。如果他们是从别处来的，他们一定有一些从生活习俗中形成的律法。(318)他们发誓，要永远敌对那些驱逐他们的人，这是可以理解的。按照吕西马库的描写，这是一群处于困境中的人，理应需要各方的帮助，却带着不可平息的怒气，对所有人宣战，这显得极其愚蠢。但是这不是他们的责任，而是这位撒谎的历史学家的责任。不仅如此，他还大胆宣称，他们给城市取的名字，是起源于掠夺寺庙的含义，后来又做了修改。(319)显然，这个名字会给他们的子孙带来羞耻和憎恶，但实际上这座城市的建造者是为了他们自己的荣耀才取这个名字的！这位知名人士随意滥用词语。他并没有发觉，在表达掠夺寺庙的意义时，我们犹太人使用的词语和希腊人是不一样的。(320)对于这样一个轻率的撒谎者，还有什么话好说呢？

　　这卷已经写得太长了，我打算从这里开始写第二卷。在第二卷中，我会继续努力讲述犹太人主题的剩余内容。

第二卷

驳斥阿皮安的诽谤

1. （1）我最尊敬的以巴弗提（Epaphroditus），在本书第一卷中，我论述了我们民族的古代历史，并通过腓尼基人、迦勒底人和埃及人的著作证实了我的观点，还引用了大量希腊历史学家的资料，作为我的见证。我还挑战了曼尼托、察来门和另外一些学者的观点。（2）现在，我要驳斥余下那些攻击我们犹太人的学者。实际上，我非常犹豫，文法学家阿皮安（Apion）①的言论是否值得我去认真驳斥。（3）他的一些观点和其他人类似，有些是他自己的观点，但也是他所添加的无关痛痒的②内容。阿皮安的大多数观点纯粹是哗众取宠。说句实话，这恰好显示出作者本人愚昧无比，品格低劣，一辈子招摇撞骗。（4）然而，由于大多数人极其愚昧，竟对这样的作品表现出浓厚的兴趣，远超过一些严肃的作品，他们

---

① 阿皮安出生在上埃及（29 节），求学于亚历山大。在提庇留（Tiberius）、卡里古拉（Caligula）和克劳狄（Claudius）时期，阿皮安在罗马教授修辞学。在卡里古拉时期，他率领反犹太人代表团，从亚历山大出发去拜见皇帝。当时他反对斐洛，后者是亚历山大犹太人的发言人（《犹太古史》18.257 ff.）。阿皮安是一个博学但喜好炫耀的作家，以翻译和解释《荷马史诗》而闻名（14 节）。他还写了五卷本的《埃及历史》，其中也提到了犹太人（10 节）。他是否写了一本专门关于犹太人的书，尚有疑问。他的研究使他赢得了 μοχθος（劳力，labor）的昵称，又因着他喜欢炫耀的性格，皇帝提庇留赐予他 cymbalum mundi（拉丁语）这个称号，意为"世界的翘楚"。
② 或"冷漠的"。

陶醉在辱骂的言语和阿谀奉承般的赞美声中。我认为我有责任审查这位作者，而不要遗漏，因为他写了一本指控我们的书，正式到可以去法庭上指控我们。(5)另一方面，我观察到，通常来说，当一个率先诽谤他人的人，自己的恶行被曝光的时候，人们会变得极其高兴。阿皮安的论点很难归纳，意思也很难捕捉。(6)但大体分析一下他那些极其无序混乱的虚妄观点，我们可以看到，有些观点和我们前面调查过的观点属于同一类，与我们的祖先离开埃及有关。(7)另一些论述是对住在亚历山大的犹太人的指控。第三类和剩余的其他观点，都是反对我们的圣殿礼仪和我们日常的律法习俗。

从埃及出来

2. (8)我们的祖先从种族上说既不是埃及人，也不是因为传染病或一些类似的疾病，从埃及被驱逐出来的。对此，我想我已经提供了不仅是足够的，而且是绰绰有余的证据。尽管如此，我打算先简单提一下阿皮安所添加的细节。(9)在他撰写的《埃及历史》第三卷中，他写道：

赫利奥波利的摩西建造了神殿和日晷

(10)我在埃及从老人们①那里听说，摩西是赫利奥波利②本地人，他发誓忠于自己国家的习俗。他在城市的不同地区③建造了室

---

① 根据约瑟夫下面的解释。也有可能，阿皮安的意思是指"长老"（官方用语）。
② 曼尼托也认为奥撒斯弗来自赫利奥波利，参 1.238。
③ 或"在不同的墙上"。

外的祷告房，都朝向东方。这也是赫利奥波利的环境标志。(11)在有方尖石碑的地方①，摩西建造了石柱，石柱下是一只船②的模型，雕像③的影子落在这个圆盘上，形成一个圆环，与天上太阳运行的轨迹相一致。

(12)这就是这位文法学家惊人的论述。它的虚假之处不需要评论，事实可以揭露一切。当摩西为神建造第一个会幕的时候，他既没有在会幕里摆设自己的雕像，也没有指示他的继承人雕刻任何诸如此类的形象。后来，当所罗门在耶路撒冷建造圣殿的时候，他也避免任何新奇的艺术品，这些都是阿皮安自己的构想。(13)阿皮安告诉我们，他从"老人们"那里听到，摩西是赫利奥波利人。显然，作为晚辈，他相信，那些告诉他这些事情的人年纪老到足以知道这些典故，并且和摩西有联系！(14)作为一个文学评论家，他不能确定说出诗人荷马的出生地，也不能说出毕达哥拉斯④的出生地，虽然有人会说毕达哥拉斯是比较近代的人物。摩西比荷马和毕达哥拉斯要早不知多少年，但是，当问到摩西的时候，阿皮安竟然凭借"老人们"所说的，十分有把握地作了回答，这恰恰证明他是一个骗子。

---

① 关于赫利奥波利的方尖石碑，参希罗多德《历史》2.111。

② 或"圆盘"(basin)，希腊文 σκαφη，技术术语，日晷的基座凹下去的部分。

③ 意即竖立在石柱顶端的人物雕像。手抄本上是"人的影子"。

④ 有几种说法，他是萨摩斯岛人(Samian)，伊特鲁里亚人(Tyrrhenian)，叙利亚人(? Syros 当地人)，或推罗人(亚历山大的克莱门的 *Strom*.1.14，62)。

关于出埃及的日期

（15）关于阿皮安设定的出埃及的日期，也就是摩西带领麻风病人、瞎子和瘸子离开埃及的日子，我想，我们可以发现，这位细致的文法学家的看法，和前面提到的几位作者完全一致。（16）正如曼尼托所说，犹太人离开埃及发生在帖斯姆希斯统治时期，是在达那俄斯逃到阿尔戈斯（Argos）①三百九十三年之前。吕西马库说是在波克霍利斯王②统治时期，也就是一千七百年以前。莫伦（Molon）③和其他人定了一个他们自己觉得合适的日子。（17）阿皮安是他们当中最有把握的权威，他把出埃及的日期精确地定为第七个奥林匹克四年期（公元前752—前749年），而且是那个奥林匹克四年期中的第一年。根据阿皮安的说法，那一年腓尼基人建立了迦太基④。在这里阿皮安提到了迦太基，这是他毫不怀疑地插入的。因为他相信，这一典故可以为他作品的真实性提供有力的证据。但他没有看到，他这样做是用自己的话来反驳自己。（18）因为，如果腓尼基的编年史可信的话，根据记录，希仑王生活的时期早于迦太基建成一百五十多年⑤。（19）在本书的前面部分，我已经给出了腓尼基编

---

① 参 1.103。

② 参 1.305。

③ 莫伦生在卡里亚（Caria），在罗得岛（Rhodes）和罗马教授雄辩学。西塞罗和凯撒尤里乌斯都是他的学生。本书经常提到他对犹太人的谩骂。

④ 那一年也是罗马建立的年份。

⑤ 参 1.126。

年史中有关这个典故的证据,我指出希仑是所罗门的朋友。所罗门在耶路撒冷建造了圣殿,在建殿过程中希仑王做出了巨大的贡献①。不过,所罗门是在犹太人离开埃及六百一十二年以后建造圣殿的②。

有关"安息日"一词的起源

(20)阿皮安说,逃亡的人数共有十一万,这是一个想象出来的数字,在这一点上,他与吕西马库③所说的一样。接下来,他给出一个惊人而又似是而非的解释,关乎"安息日"这个词的起源。(21)阿皮安说,"在六天的行军后,他们的腹股沟长了肿瘤。正因如此,当他们安全到达现在称为犹大的那个国家后,在第七天他们就休息了,并称那天为安息日(sabbath)。这是他们保留了埃及的术语,因为在埃及,腹股沟上的疾病被称为萨波(sabbo)。"

(22)这样的一番话,我们不知道是该对它的荒谬一笑了之呢,还是对它的轻率表示愤慨。很明显,所有这十一万人都得了肿瘤。(23)但是,如果他们又瞎又瘸,又饱经各种疾病的折磨,就像阿皮安所说的那样,他们不可能走完一天的路程。相反,如果他们不仅可以穿越一大片

---

① 参 1.109 及后面内容。

② 约瑟夫在《犹太古史》20.230 也是这样写的。在其他的地方(参《犹太古史》8.61),他给出的时间是五百九十二年。圣经上的年数(王上 6:1)是四百八十年。

③ 上面提到的吕西马库所写的内容中,并没有给出这个数字(1.34)。

广袤的旷野,而且还全都参加战斗,并在战斗中打败他们的敌人,他们就不会在六天后全都得了腹股沟肿瘤。(24)因为行军的人通常不大会得这种病。人数众多的军队,会一连好几天保持一个有规律的步调行军。也不能把这样的事情归结为偶发事件,那就荒谬至极了。(25)这个令人吃惊的阿皮安先是告诉我们,他们花了六天时间①到达犹大,又在另一处告诉我们,摩西登上一座叫西奈(Sinai)的山,这座山位于埃及和阿拉伯(Arabia)半岛之间。他在那里隐蔽了四十天,随后下山,给了犹太人他们的律法。但是,像他们这样一群人,在旷野无水之地待了四十天之后,还能在六天时间里走完整个路程,到达他们的目的地吗?(26)这位文法学家曲解了"安息日"一词,这只能显出他要么十分轻率,要么相当无知。(27)萨波和安息日之间有很大的区别。Sabbath 在犹太人的语言中,是指从所有的工作中停下来。而 Sabbo 在埃及人的语言中,正如阿皮安所说的,表示腹股沟处的疾病。

有关犹太民族起源于埃及的问题

3. (28)这些描述都具有一些小说的特色,是埃及人阿皮安根据其他作者所写的,引入到摩西和犹太人离开埃及的故事中。他在有关我们祖先的事上撒谎,说他们属于埃及人的种族,这不足为奇。(29)阿皮安说了一个谎言,是关于他自己的,但是和犹太人的恰好相反。他出生在

---

① 阿皮安在上文中并没有说到这点(21 节),尽管他的词句会让人有这样的解释。

埃及的绿洲①，就像人们说的，是埃及人中的埃及人。但是，他却否认他真实的国籍，谎称自己是亚历山大人，就是承认他以自己的民族为耻。（30）因此，很自然，他会把那些他厌恶和想要羞辱的人称为埃及人。阿皮安一定对埃及人怀有最卑劣的看法，不然，他绝不会背叛自己的民族。爱国的人对他们祖国的名字很自豪，会斥责那些损害国民声誉的不公义的污蔑。（31）在与我们保持关系的过程中，埃及人在两种情感间摇摆：他们或者伪装是我们的同族，为了得到声望；或者把我们拉到与他们同等，为了让我们沾染他们的坏名声。（32）这位高贵的阿皮安对我们的诽谤，显然是他谋划的一种回报亚历山大人的方式，因为他们赐给他公民权。阿皮安知道亚历山大人憎恨他们的犹太人邻居，他把诽谤后者作为他的目标，并把所有其他的犹太人都作为他的诽谤对象。在这两种攻击中，都显示出阿皮安是一个厚颜无耻的撒谎者。

阿皮安对亚历山大的犹太人的指控

4.（33）让我们来看一下阿皮安对亚历山大的犹太人严重而又骇人听闻的指控。阿皮安说，"他们来自叙利亚，定居在一个没有港口的海边，就在海边的地方，海浪撞击着沙滩。"（34）好，如果说那个居住的地方被认为有错的话，他就是诬蔑。我说的不是他本来的出生地，而是他公开承认的出生地，就是亚历山大。海床构成了这个城市的一部分，它被普遍认为是最适合居住的地区②。（35）如果犹太人能够占有这片土地，

---

① 大绿洲（the Great Oasis），在上埃及（参 41 节），提比斯的西边。
② 犹太人居住地区是在亚历山大的东北边，与大港口（Great Harbour）（转下页）

而且之后对其不受干扰地长期占有，都归功于他们的武装力量，这恰好证明了他们的英勇。尽管如此，实际上是亚历山大把这块地赐给他们居住的，他们获得了和那些马其顿人①同等的权利。(36)（我不知道阿皮安会说什么——如果他知道犹太人不是住在王宫旁边，而是住在公墓旁边！）②(37)直到今天，他们本地的部族厌弃"马其顿"这个名字。如果阿皮安读过亚历山大大帝和拉古斯（Lagus）的儿子托勒密（Ptolemy）的书信③，如果他关注过埃及王位继承者的文件，或是立在亚历山大的石碑④，那上面记录了凯撒大帝赐给犹太人的权利。我说，如果他知道这些文件，却仍厚颜无耻地在文章中写与之相对的话，那他就是一个恶棍；如果他对此一无所知，那他就是一个傻瓜。

他们对亚历山大人身份的主张

(38)阿皮安对犹太人被称为亚历山大人感到很吃惊，这同样显出他

（接上页）之间隔着罗奇斯（Lochias）海角，那里坐落着王室的宫殿（Strabo，17.9.794；参 36 节及后面的内容）。公墓（36 节）在另一头，城市的最西边。

① 从约瑟夫的其他作品中，我们看到，亚历山大的犹太人获得他们单独的土地和他们的公民权利，是蒙托勒密一世（Ptolemy Soter）所赐，而不是亚历山大。参《犹太战记》2.487 及后面的内容；《犹太古史》12.8。

② 这句话也许是作者后来误插进来的。

③ 或可能是"命令"。

④ 希腊文 stele；参《犹太古史》14.188。

的愚昧。所有被邀请加入殖民地的人，虽然他们的民族不同，但都取用建国者的名字来称呼。犹太人就是现成的例子。(39)定居在安提阿(Antioch)的犹太人被称为安提阿人(Antiochenes)，安提阿的缔造者塞琉古(Seleucus)①赐予他们公民的权利。同样，那些在以弗所(Ephesus)和遍布伊奥尼亚(Ionia)其他地方的犹太人，也和本土的居民一样，拥有同样的名字。这是他们从亚历山大的继承者那里获得的一项权利②。(40)罗马人非常慷慨，他们不是把罗马人的称谓赐给几乎所有人吗？——不仅仅给个人，也给整个民族——这样，那些曾经是伊比利亚人(Iberians)③、伊特鲁里亚人(Tyrrhenians)和萨宾人(Sabines)的，现在都被称为罗马人。(41)如果阿皮安不承认这样的公民，那他就不要再称自己是亚历山大人吧。我已经说过④，阿皮安是地地道道的埃及人，他怎么可能成为亚历山大人呢？如果照他在我们的例子中所说，荣誉公民的权利会被取消。事实上，罗马人作为当今世界的统治者，埃及人是唯

---

① 塞琉古一世尼卡特(Seleucus I Nicator)，塞琉古王朝的缔造者(参《犹太古史》12.119)。在提图斯(Titus)访问这座城市时，安提阿犹太人的权利被刻在青铜版上(参《犹太战记》7.110)。

② 更精确地说，按照《犹太古史》12.125 的记载，是安提阿古二世塞奥斯(Antiochus II Theos，公元前262—前246年)所赐的权利。参 Schurer, *G.J. V.* (ed.3)，3.81 注释。

③ 正如雷内克所指出的，这句话涉及伊比利亚人，这显然有夸大之处。在奥古斯都(August)统治时期，有五十个西班牙人社群享有完全的罗马公民的身份。韦斯巴芗把某些次等权利赐予整个半岛，参 Mommsen, *Provinces of Rom. Emp.* 1.68f。

④ 29 节。

一被他们拒绝赐予任何公民权利的种族①。（42）然而，阿皮安宣称自己拥有某些权利时，他显得多么高贵崇高，而他恰恰是被排除于这些权利之外的人。与此同时，他却还要诽谤那些通过正当途径获得这些权利的人。

亚历山大和继承者托勒密赐给他们的权利

这个城市并不缺少居民去居住。亚历山大亲手建造此城，对它了如指掌，这才让他在这个城市里，设立了我们民族的一个聚居地。他授予我们民族这项权利，是经过仔细而全备的详细省察后，对我们的英勇和忠诚进行的奖赏。（43）亚历山大赐给我们犹太民族的荣誉，可以通过海卡台欧的话来说明。海卡台欧说，亚历山大肯定了犹太人对他表达的尊重和忠诚，他还把撒玛利亚地区给了他们，而且不用进贡②。（44）亚历山大对亚历山大犹太人的态度，也得到了拉古斯的儿子托勒密的赞同。托勒密委派犹太人守护埃及的要塞③，信任他们作为卫士的忠诚和勇

---

① 一个夸张的陈述，在下面 72 节重复。托勒密和罗马皇帝视埃及人的等次比希腊人低。

② 这段话（可能是假冒海卡台欧）显然被夸大了，也许是个年代上的错误。大约在公元前 145 年，德米特里二世（Demetrius II）把撒玛利亚的三个小区域（不是整个地区）割让给犹太人，不用进贡（《马加比一书》11 章 34 节；参 10 章 30，38 节）；但《马加比一书》中说，德米特里可能在更早的时候，批准了土地的使用权。

③ 约瑟夫是参考《阿里斯提》13 的论述，参《犹太古史》12.8。但是根据（转下页）

敢。当托勒密为加强叙利亚和利比亚其他城市的力量感到焦虑时,他派出了一队犹太人驻扎在那里①。(45)他的继承者托勒密二世(Ptolemy Philadelphus)不仅释放了国中所有犹太人囚犯,还慷慨解囊,馈赠财物。然而,他对我们的最高敬意是,他有强烈的愿望,想要明白我们的律法,读懂我们神圣的经书。(46)无论如何,事实上,托勒密派人去请犹太人代表来为他服务,解释律法的意义。为了确保翻译的准确性,他把这个任务委托给非同一般的人,包括法勒如的德米特里(Demetrius of Phalerum)②,还有安德斯(Andreas)和阿里斯提(Aristeas)。德米特里是他那个时代最有学问的人,其他两个人是他的警卫,是他自己委任的专员③。(47)确实,如果他轻视犹太人的律法,就不会对我们的律法和我们祖先的信条④表现出这么强烈的兴趣。与此相反,他向那些把律法作为他们生活准则的人致以最崇高的敬意。

5.(48)此外,阿皮安还忽略了一点,就是几乎所有马其顿的国王,就是托勒密在马其顿的祖先,都一直对我们表示极度的友好。托勒密三

(接上页)已知的资料,在埃及也有几个犹太人的要塞(Schurer. *G. J. V.*, ed. 3.22)。其中一个是尼罗河三角洲的"犹太营",在《犹太战记》1.191 中有提到(《犹太古史》14.133)。

① 在苏拉(Sulla)时期,古利奈(Cyrene)有四类居民,犹太人就是其中一类(《犹太古史》14.115)。

② 参 1.218。

③ 这些话引自所谓的《阿里斯提书信》(*Letter of Aristeas*)。约瑟夫在《犹太古史》12.12 及后面的内容中进行了阐释。

④ 希腊文"哲学"。

世（Ptolemy III）"施惠者"（Euergetes，公元前 247—前 222 年）①在征服了叙利亚全地后没有向埃及的神明献祭，为自己的胜利而感恩，而是来到耶路撒冷，在那里根据我们的风俗，向神献上很多祭物，还奉上还愿的礼物，庆祝战争的胜利。

委任犹太人奥尼亚和都斯修斯为大将军

（49）同样，托勒密六世"爱母者"（Ptolemy Philometor，公元前 182—前 146 年）和他的配偶克娄巴特拉（Cleopatra）把他们整个王国都托付给犹太人，并把他们所有的军队都交在犹太人将军奥尼亚（Onias）②和都斯修斯（Dositheus）的手下。阿皮安嘲笑他们的名字③，但他理应敬佩他们的成就。他确实不应该污蔑他们，而是应该感谢他们拯救了亚历山大，（50）因为那时亚历山大人和克娄巴特拉王后交战，情况危急，就在即将全军覆没的千钧一发之际，是奥尼亚和都斯修斯负责协商，免除了令人恐惧的内战④。"但是，"阿皮安说，"奥尼亚后来带领另一支庞大的军

---

① 优格底斯在红海岸边的阿杜乐（Adule）留下了资料，记录了自己统治初期在叙利亚战争中的成就（Mahaffy，*Empires of Ptolemies*，199）；关于托勒密在耶路撒冷献祭的事情，约瑟夫的记录是这方面唯一的权威。

② 有些人认为他就是奥尼亚四世［Onias IV，莱翁特坡利斯（Leontopolis）神庙的建造者］。但事实上这只是一个普通的名字。有关都斯修斯的情况不详。

③ 显然，"奥尼亚"这个名字是从希腊文 ονοs 演变过来的。

④ 公元前 146 年，托勒密六世去世。他的遗孀克娄巴特拉宣告他们年少（转下页）

队,攻打亚历山大城,而罗马总督特穆斯(Thermus)①当时也是在场的。"
(51)我敢说,奥尼亚这样做是对的,他也有理由这样做。因为当托勒密六世去世后,他的兄弟托勒密八世费斯康离开古利奈,心怀不轨,图谋把克娄巴特拉和已故国王的儿子们撵下王位,自己篡夺王位。(52)正因为这样,为了克娄巴特拉的缘故,奥尼亚拿起武器,抵抗托勒密八世费斯康,即使在这样危险的时刻,也不愿放弃他对王的拥护。

托勒密八世费斯康和他的后任逼迫犹太人

(53)除此以外,神也清楚地见证奥尼亚的行为是公义的。因为托勒密八世尽管不敢迎战奥尼亚的军队,但却捉拿了城里所有的犹太人,包括他们的妻子和孩子,给他们戴上锁链,剥光他们的衣服,并让大象去把他们踩死。为了达到这个目的,那些大象事先都被灌醉了。(54)结果却事与愿违。大象并没有用脚去踩犹太人,反而冲向费斯康的朋友,踩死了他们一大群人。在这之后,托勒密看到一个可怕的幽灵,这个幽灵禁止他伤害犹太人。(55)托勒密宠爱的妃嫔[有人叫她伊莎加(Ithaca),有

(接上页)的儿子托勒密七世(Philopator Neos)成为国王。但是,亚历山大人从古利奈请回已逝国王的兄弟托勒密八世(Euergetes II,Physcon),杀害了他年轻的政治对手,篡夺了王位,娶了身为寡妇的王后,也就是他的姐姐(查士丁,Trogus Pompeius 摘录,38.8.2-4)。

① 显然就是路西斯·特穆斯(Lucius Thermus),之前他曾为费斯康效力(Polyb. frag.33.5)。

人叫她艾琳(Irene)]也向他提出请求，不要再犯这样的滔天大罪。于是托勒密依从了她的请求，后悔并放弃他从前的行为和将来的阴谋。这就是亚历山大的犹太人著名的节日的起源。他们在这一天守节期，就是出于这个原因，因为显然这是神赐给他们的救赎①。(56)然而，什么事情都逃不过阿皮安的诽谤。他竟然找出另外一个罪名，企图控告犹太人对费斯康发起战争。事实上，这件事情理应获得他的赞许。

恶名昭著的克娄巴特拉逼迫犹太人

阿皮安继续提到克娄巴特拉，就是亚历山大的最后一位王后②。因为克娄巴特拉对我们忘恩负义，所以阿皮安也侮蔑我们。(57)事实上，他应该谴责那个妇人，她放纵自己，无恶不作，残酷对待自己的亲人和爱她的丈夫③，还有普通的罗马人，他们的君王，还有她的赞助人。(58)克娄巴特拉在神庙里杀死了她无辜的姐姐亚西娜(Arsinoe)④，并且口蜜腹

---

① 根据《马加比三书》5—6 章的记载，让大象踩人是托勒密四世(Philopator，公元前 222—前 205 年)的行为。两个故事应该都可以追溯到亚历山大的犹太人守节期的典故，这个节期类似于普珥节(Purim，参《马加比三书》6 章 36 节)。在这两个故事中，约瑟夫记载的故事应该是比较可靠的。

② 公元前 51—前 30 年。关于克娄巴特拉类似的罪行记录，参《犹太古史》15.89 及后面的内容。

③ 也许是"她的丈夫甚至还有她的情人"；拉丁文译者误解了原文的含义(雷内克)。

④ 遵照克娄巴特拉的命令，安东尼(Antony)在以弗所狄安娜神庙里(《犹太古史》15.89)，或者是在米利都(App. Bell. Cic. 5.9)杀死了亚西娜。

剑,暗杀了她的兄弟①,洗劫了她国家内的神像和她祖先的坟墓②。克娄巴特拉的王位是第一任凯撒赐给她的,但是她竟敢背叛凯撒的儿子和继任者,并且利用肉体的情欲诱惑安东尼堕落,导致他背叛自己的国家,不再忠实于自己的朋友,夺走了他们皇室的官衔,解雇了一些人③,并让他们沦为罪犯。(59)还需要说的是,在一次海上战役④中,克娄巴特拉甚至抛弃了自己的丈夫,也就是她孩子的父亲安东尼,并强迫他放下自己的军队和国王的头衔,转而跟从她。(60)最后,当亚历山大被凯撒⑤攻陷后,她沦落到极端的处境,看不见任何希望,在她残酷对待并且背叛那么多人以后,自杀身亡了。如果照阿皮安所说,克娄巴特拉在饥荒的时期,拒绝给犹太人任何玉米的配给,难道那不是我们应该引以为傲的事情吗?

罗马皇帝赐给亚历山大犹太人的特权

(61)克娄巴特拉受到这样的惩罚是她咎由自取。至于我们,我们有伟大的凯撒,见证我们一直支持罗马皇室,反对埃及人⑥。我们

---

① 即托勒密十五世,克娄巴特拉两个弟弟中较年轻的一个,也是她的丈夫和共同摄政者。人们通常相信克娄巴特拉大约于公元前 44 年在罗马毒死了他。参《犹太古史》15.89。

② 参《犹太古史》15.90。

③ 文本和意义都不能确定。

④ 公元前 31 年亚克兴角(Actium)战役。

⑤ 屋大维(Octavious),公元前 30 年。

⑥ 公元前 47 年庞培死后,安提帕特(Antipater)手下的犹太人分队效(转下页)

也有元老院和元老院的法令，还有凯撒奥古斯都的信件，证明我们曾经为罗马效力。(62)阿皮安理应参考这些书信，阅读每个标题下面的内容，其中记载了亚历山大和所有托勒密国王的见证。另外还有罗马元老院和罗马最杰出的皇帝①所作的见证。(63)如果革玛尼库(Germanicus)无法把玉米分给亚历山大所有的居民②，那只能证明当时是荒年，玉米匮乏，不能拿这个作为理由来控诉犹太人。因为所有的皇帝，他们对亚历山大的犹太人的看法都是人所共知的。(64)事实上，亚历山大的犹太人已经失去对玉米供应的管理权，其余的亚历山大人也没有管理权。但是，从前的国王都很信任亚历山大的犹太人，最显明的标记就是犹太人被任命负责管理尼罗河③和整个省区。历代皇帝一直都为犹太人保留这项权利，他们认为犹太人是值得信赖的。

犹太人拒绝敬拜埃及的神明

6. (65)阿皮安固执地说，"但是既然犹太人是亚历山大的公民，他

(接上页)力于凯撒尤里乌斯，加入他攻打亚历山大的战争。参《犹太战记》1.187及后面的内容；《犹太古史》14.127及后面的内容。

① 或"将军"。

② 革玛尼库是提庇留的侄子，在公元19年访问埃及。革玛尼库为了自己开心，打开粮仓，降低了玉米的价格(塔西陀，*Ann*.2.59)。

③ 参《犹太战记》1.175[一个犹太籍守卫负责看守尼罗河的佩留洗(Pelusiac)河口]。

们为什么不敬拜亚历山大人的神明呢?"我可以反问,"那你自己呢? 你既然是埃及人,为何却与其他埃及人在宗教问题上,彼此展开恶毒而不可修复的战争呢?"①(66)事实上,我们拒绝称呼你们所有人为埃及人,甚至不把你们叫"人",不就是因为你们崇拜并且饲养了那么多令人恶心和敌对人类的动物吗? 与此相反,我们犹太人显然是一个团结而单一的群体②。(67)但是,既然你们埃及人自己中间对宗教的观念有如此巨大的差异,那为什么你们看见从其他国家来到亚历山大的人拥护他们自己原来的宗教律法,会感到惊讶呢?

阿皮安指控犹太人煽动叛乱

(68)阿皮安又进一步指控我们煽动叛乱。但是,如果阿皮安这样指控亚历山大的犹太人是有道理的,他为什么还要对整体的犹太人表示不满,说众所周知,我们整个民族同谋叛乱? (69)更重要的是,每个人都可以发现,真正煽动叛乱的人,正是阿皮安这一类亚历山大的居民。亚历山大的公民中也有希腊人和马其顿人,但是他们从未反对过我们,而是给我们自由空间,让我们延续祖先的敬拜。但是后来,随着埃及人的数目大大增加,时势变得混乱,煽动叛变的言论持续不衰。我们的民族正好相反,我们不和其他民族混杂。(70)实际上,正是这些埃及人引起了

① 有关埃及各种宗教之间的世仇,参 Juv. *Sat*. 15. 33 及后面的内容,以及本书
   1. 225。

② 此处文本及意思有些含糊。

骚乱,他们既没有马其顿人的强壮,也没有希腊人的睿智。他们普遍接受了埃及人的恶习,沉溺在对我们由来已久的恨恶当中。

(71)其实恰恰相反,他们对我们的指控放在他们自己身上,倒是最合适不过。他们当中大多数人虽然拥有亚历山大公民的地位,却没有正规的名分。然而,他们却称那些众所周知是从正规的当权者那里获得这一殊荣的人是"外侨"。(72)根据资料来看,在我们那个时代,没有任何一个国王曾经授予埃及人公民权利①。与此相反,我们在亚历山大城的公民身份是亚历山大大帝赐给我们的。亚历山大以后的君王延续了给我们的特权。无论在哪个时代,罗马人都很乐意地护卫这些权利。

我们不为皇帝立雕像,但是给予他们特别的尊重

(73)因此,阿皮安就试图指控我们,理由是我们不为皇帝立雕像,好像这些皇帝不知道这些事情,还需要阿皮安来维护一下!② 其实,他应当敬佩罗马人的宽宏和温和,他们不强求属民违背他们自己民族的律法,并且满足于进贡者按照他们自己的宗教和法律义务所献上的尊荣。(74)对于靠强制和约束得来的尊荣,他们并不喜欢。希腊人和其他一些民族认为立雕像是正确的事情。他们乐于为父母、妻子和孩子立雕像,一些人甚至为毫不相干的人立雕像,还有人为自己喜爱的奴隶立雕像。

---

① 参 41 节及注释。

② 很可能约瑟夫指的是卡里古拉下令在耶路撒冷圣殿内立他雕像的事情(《犹太古史》18.261 及后面的内容),当时阿皮安在皇帝的代表团中任职。

所以,他们为皇帝和尊贵的人士立雕像,献上他们的尊崇,又有什么奇怪的呢? (75)与此相反,我们犹太民族的立法者禁止立雕像,并非借着提前指控反对尊重罗马掌权者,而是出于对这种做法的蔑视,因为这样做对神和人都没有益处,所以才禁止制造偶像,好像一切活的被造物,更不能为神立雕像,因为神不是被造的,这个后面会说明①。 (76)尽管如此,我们的立法者并不禁止对他人表示尊重,如果他们的确值得敬重,但必须把敬畏神列在第一位。我们用这样的方式来尊重罗马皇帝和人民。(77)我们凭借整个犹太社团的财力②,每天为他们履行这些仪式③。即便当我们的团体没有能力献其他的祭物,甚至奉献给皇室的家族④时,我们还是同心协力,把这种独一的尊荣,单单给予皇帝。除了皇帝以外,没有哪个人得到我们这样的尊崇。(78)我想,对于阿皮安关于亚历山大犹太人的评论,我已经给出了一个全面而充分的回答。

对圣殿祭祀的诽谤

7. (79)另外,还有一些作者提供这类的材料给阿皮安来支持他,我指的是波塞多纽(Posidonius)⑤和莫伦⑥。为此我也感到非常吃惊。一

---

① 参 167 和 190 节及后面的内容。

② 从斐洛 *Leg. ad Caium*,157 来看,这些献祭一开始是由皇帝用自己的钱财设立的。参 Schürer. *G. J. V.*,ed.3,2.303。

③ 一天两次,参《犹太战记》2.197。

④ 这里的意思似乎是"为王和王众子的寿命祈祷",参《以斯拉记》6:10;《巴录书》1 章 11 节。

⑤ 阿帕美安的波塞多纽,约公元前 135—前 51 年,著名的斯多葛派哲学家和历史学家。波塞多纽是庞培和西塞罗的朋友。

⑥ 其他地方也是这样称呼,参 16 节。拉丁文 *Molonis*,即"莫伦的(儿子)"。

方面,他们指控我们敬拜的神和别人敬拜的神不一样。另一方面,他们制造谎言,并臆想出对我们圣殿的荒谬污蔑,却没有意识到他们自己有任何的不敬虔。然而,对于情操高尚的人来说,不管他说的谎言是何种形式,没有比说谎更让人羞愧的事,尤其是他们的谎言对象竟然是一座举世闻名、极其神圣的圣殿。

敬拜驴头的荒诞故事

(80)阿皮安竟然厚颜无耻地声称,犹太人在这座圣殿里保存了一个驴头①,敬拜驴子这种动物,把它视为最值得尊敬的。阿皮安还说,在安提阿古·伊比芬尼(Antiochus Epiphanes)②掠夺圣殿的时候(公元前170 年),这个真相被揭露出来。人们发现了这个驴头,它是用黄金打造的,具有很高的价值。(81)有关这件事情,我的看法是,即使我们的确拥有这样一些东西,也轮不到埃及人指控我们。因为驴子并不比猫③、公山羊和其他动物差,而这些动物在埃及人的国家被当作神。(82)其次,有

---

① 这个广泛流传的谣言出处不明,而且有几种形式。塔西佗的《历史》5.3 及其后,记述了摩西跟随一头野驴,在旷野中发现了水。从那里,犹太人"为这种动物奉献了神圣的雕像,他们在它的带领下,脱离了干渴的长途跋涉"。狄奥多罗斯(34. frag.)说安提阿古·伊比芬尼在圣殿的至圣所中发现一座雕像,是一个长着胡须的人(就是摩西)坐在一头驴子上。后来的人把敬拜驴子的指控转嫁到基督徒身上(Tertull. *Apol*.16)。

② 参《犹太古史》12.5.4(但没有提到驴头这件事情)。

③ *furonibus*,这个词在别处没有出现。

些事实可以证明他所说的是一个不可信的谎言,而他如何忽略这些呢?纵观我们的历史,我们一直持守了同样的律法,我们对律法永远忠诚。虽然像其他城市一样,我们的城市也经历了不同的灾难,圣殿被接二连三的征服者占领,比如虔诚的[安提阿古](约公元前 135 年)①,伟大的庞培(Pompey,公元前 63 年),里斯纽·克拉苏(Licinius Crassus,公元前 54—前 53 年)②,和最近的提图斯·凯撒(Titus Caesar,公元 70 年)。但是,他们在那里并没有发现这种东西,他们看见的却是最纯洁的宗教,有关这个宗教的秘密,我们不可以泄露给外邦人③。(83)安提阿古[伊比芬尼]对圣殿的劫掠极不公义,他是因为没有钱才入侵圣殿的。当时他不是我们公开的敌人,我们是他的同盟和朋友,他却攻击了我们。但是他并没有在圣殿里发现有任何值得嘲笑的东西。(84)许多严肃的历史学家都可以证明这些事实。麦格勒波利城(Megalopolis)的波利比乌(Polybius)、卡帕多西亚人(Cappadocian)斯特拉波(Strabo)、大马士革的尼古拉(Nicolas)、提玛革尼(Timagenes)④,编年史作家卡斯特(Castor)⑤和阿波

---

① 有抄本作 Dius(神圣);Niese 版本是 Pius,那是取安提阿古的别名 Eusebes(敬虔),"敬虔"是指他在攻陷耶路撒冷一事上反映出对神明的热诚,如进入犹太人的圣殿(公元前 135 年,参《犹太古史》13.244)。

② 叙利亚的执政官(公元前 54—前 53 年),参《犹太古史》14.105ff。

③ 这里的上下文重点是强调犹太人的敬拜中没有神秘的因素。因此,雷内克可能是对的。他把出现在 94 节和 107 节中的 *effabile* 修订成 *ineffabile*,如果是那样,就应当翻译成,"我们没有秘密对外邦人隐藏"。

④ 公元前 1 世纪历史学家,约瑟夫通过斯特拉波得到提玛革尼作品的二手资料。

⑤ 参《犹太古史》1.184。

罗多洛(Apollodorus)①都宣告,安提阿古是因为缺钱,才违背他和犹太人的条约,入侵圣殿,掠夺了圣殿里存放的金银。(85)阿皮安应该考虑这些证据,不然他就是驴子脑袋,或者就是像狗一样粗野,这些都是他的国民常常敬拜的。一个旁观者不会对他的谎言有任何反应②。我们犹太人不会把驴子作为歌功颂德的对象,也不像埃及人那样,把荣耀归于鳄鱼和毒蛇。在埃及人看来,如果有人被毒蛇咬伤,或被鳄鱼撕扯,他的灵魂是蒙神祝福的。(86)对我们和其他明智的人来说,驴子只是牲畜,可以用来驮运货物,是卑贱的牲畜,农耕的劳力。(87)如果它们侵入我们的打谷场吃谷子,或在路上停下来不走,它们就会被暴揍一顿。(88)阿皮安要么就是一个写小说的特大傻瓜,不然就只能说,他没有从这些事实中得出公正的结论,虽然他一开始是为了这个目的③。他对我们的每一项诽谤都落空了。

另一个荒诞故事:每年杀一个希腊人

8.(89)阿皮安还讲了第二个故事,是一个希腊故事④,从头至尾都是对我们的恶意诽谤。关于这个问题,我只想说一点,那些斗胆在宗教话题上冒险的人,应该知道诽谤圣殿中的祭司是比侵入圣殿领域更亵渎

---

① 公元前 2 世纪作家,著有 *Chronica* 以及最好的古代希腊神话作品。

② 意思有疑问。

③ 意思有疑问。

④ 也可能是"有关希腊人的"。

的行为。(90)但是这些作者更热衷于支持一个亵渎的国王,而不愿意给予我们的祭祀礼仪和圣殿一个公正和诚实的描述。他们想要袒护安提阿古,掩盖他在国库虚空的情况下,对我们民族的背信和亵渎行为。他们进一步编造故事来羞辱我们。(91)阿皮安就是这些撒谎者的代言人,他说:

(92)安提阿古在圣殿里发现一张长椅,上面斜坐着一个人。在他面前有一张桌子,上面放满美味,有海里的鱼、地上的走兽和空中的飞鸟,而这个可怜的人①麻木地看着这些佳肴。安提阿古的闯入立刻受到了他的欢呼致敬,好像他的内心得到了极大的安慰。他跪在国王膝前,伸出他的右手,恳求释放他。国王要他放心,又问他是谁,为什么住在那里,他的盛宴有什么含义。(93)这人立刻叹息流泪,用哀伤的语调,讲述了他的悲惨故事。他说他是一个希腊人,当他在省内一边旅行、一边寻找生计的时候,他突然被一群异族人绑架,送到了这个圣殿。(94)在那里,他被关起来,不能见任何人,但他们用难以形容的奢华宴席把他养肥。开始,这些意想不到的关心蒙蔽了他,他很高兴。但随后他开始怀疑,之后是恐惧。最后,他询问一旁的侍者才知道,原来是因为犹太人可怕的律例,他们才豢养他。(95)这是一个每年都要在特定季节重复一次的习俗。他们会绑架一个希腊人,用一年时间把他养肥,随后把他带到一个树林中,

---

① homo = ὁ ἄνθρωπος(别处和 nuance 一起使用)。如果是指安提阿古,如 Niese 假设的,这里就应该用 uir (= ὁ ἀνήρ)。

在那里把他杀死，然后用他的身体在他们传统的仪式上献祭，并吃他的肉①。此外，在用这个希腊人献祭时，他们发誓要敌视希腊人。(96)仪式结束后，被献祭者的残骸将被扔进一个深坑。[阿皮安继续说到，]这个人声称，他现在命在旦夕，恳求国王出于对希腊众神的敬畏，粉碎犹太人加害他的这个阴谋，把他从悲惨的处境中拯救出来。

这是一个荒谬的故事

(97)这样的故事不仅囊括了一个悲剧故事中所有的恐怖情节，而且充斥着无耻的残酷。这个故事并不能证明安提阿古亵渎圣殿是无罪的，好像那些撰文为他辩护的人一厢情愿所认为的那样。(98)当安提阿古侵入圣殿时，他并没有料到有这类事。显然，发现这样的事情让他感到很吃惊。因此，安提阿古的邪恶，不敬虔，不敬奉神，很多也是无聊的是非，虽然有很多谎言都是关于他的。(99)从这些人的脸上，就可以看出他们的品格。众所周知，希腊人并不是唯一与我们律法有冲突的民族。冒犯我们的主要对头是埃及人和许多其他民族。所有这些国家中，他们的公民都或多或少在某个时刻到访过我们的国家，难道不是吗？（100）为什么唯独希腊人是我们周而复始的阴谋算计并凶杀袭击的对象呢？再则，如何能相信所有的犹太人都加入吃那祭肉的行列，照阿皮安所说

---

① 拉丁语 *uiscera*，即所有的肉，但不包括皮肤、骨头和血。

的,一个人的肉足够分给几千个人吗?①(101)为什么在发现这个人以后,国王并没有以胜利的姿态把他送回他的国家?这样做可以获得虔诚的美名,并且得到希腊人的拥戴。这样就可以在面对犹太人的愤怒时,得到公众舆论的强有力支持(故事没有说出这个人的名字)。(102)但我要克制自己去追究这些疑问,愚昧必被驳斥,不是靠争论,而是靠事实。

圣殿祭祀的律法是不可亵渎的;圣殿的各院

凡是曾经看见过我们圣殿的人,都知道这建筑的各院大致的样式,有几道不可冒犯的院墙,保护了圣殿的神圣。圣殿由四层环绕的庭院构成,每一层院子都有自己特殊的法规限制。(103)外院对所有人开放,包括外国人;妇女只有在她们不洁净时才会被拒绝进入。(104)第二院对所有的犹太人开放,他们的妻子在没有沾染任何不洁行为时,也允许进入。第三院对犹太男子开放,但他们必须是干净和洁净的。第四院只有祭司穿着他们的祭服可以进入。至于至圣所,只有大祭司穿着他们特有的祭服才能进入。(105)所有有关祭祀礼仪的细节都非常详细,连祭司进入的时辰都是固定的。祭司的职责是在早上圣殿开门时进入,按照惯例献上祭物②,第二次进入是在中午,一直持续到圣殿关门。(106)还有一点就是:无论什么器皿都不可以带入圣殿③,圣殿中唯一的物品是一

---

① 前面并没有提到。

② 或"交给他们的祭牲"。

③ 参《马可福音》11:16。后文表明这里指的是至圣所。

个祭坛,一张桌子,一个香炉,和一个灯台①,都是在律法书上提到的。(107)除此之外就没有别的东西了,没有什么不可告人的秘密,圣殿里也不提供饭食。整个犹太社群都可以为以上所说的作证,祭祀的流程也可以为此作证。(108)因为,虽然有四个祭司家族②,每一族最多包括五千人,这些人按固定的天数轮流主持祭祀。当一族的祭祀期结束后,其他家族就来代替他们献祭物。他们中午在圣殿里列队,从将要离开的祭司那里接过圣殿的钥匙和所有器皿,并准确清点。(109)食物或酒不能进入圣殿;这类东西不可以献在祭坛上,所以就不需要为祭祀准备这些东西。

(110)那我们是不是就可以下结论说,阿皮安在没有调查过这些事实的情况下,捏造了这个令人难以置信的故事?但那是很不光彩的;作为一个有学问的贤士,他不是声明要呈现一幅准确的历史画面吗?不然;阿皮安知道我们圣殿的敬虔的礼仪。但是,他跳过圣殿的规矩,编造了这个故事。一个被绑架的希腊人,一桌奢华无比的筵席,摆满了最丰盛、最奢侈的美味佳肴。一个奴隶竟然能够进入只有祭司才能进入的地方,即使是地位最高的犹太贵族也不允许进入那里。(111)这样的故事对我们来说,简直就是最不敬虔的行为。这是一个有意编造的谎言,试图误导那些不愿费力调查此事的人。我上

---

① 参《犹太战记》5.216(只提到三件东西,没有祭坛)。

② 这四个祭司家族是和所罗巴伯一起回归的(拉2:36;尼7:39)。约瑟夫在别处只提到二十四班(《自传》2;参《犹太古史》7.365f.),在历代志时期(代上24:7)以后是很正常的。

面所提到的那些有意制造令人难以启齿的恐怖故事的人，他们的目的之一就是激起我们的憎恶。

第三个荒诞故事：
一个以土买人打扮成阿波罗神，盗走了驴头

9.（112）阿皮安用这种所谓的敬虔方式，用纳塞亚斯讲的一个故事，再次嘲笑我们①。根据阿皮安的说法，纳塞亚斯的叙述是这样的：

在犹太人和以土买人的漫长战争过程中，在一座名为多利以（Dorii）②的以土买城中，有一个居民名叫扎比度（Zabidus），是敬拜阿波罗神的。他来到犹太人那里，承诺把多利以这座城市的神，也就是阿波罗神，交到他们手中。扎比度说，如果犹太人都离开的话，阿波罗神就会进入他们的圣殿。（113）犹太人全都相信他。于是扎比度建造了一个木头架子，在上面插了三排灯火，再把架子罩在自己的身上。他用这样的装束四处行走，远处的旁观者看到这番景象，就好似星星在大地上巡游。（114）犹太人被这幅壮观的景象惊呆了，他们就离得远远的，静默不语。过了一会儿，扎比度悄悄地进入圣殿，拿走了驮驴的金头（他如此戏称），随后匆匆逃回多利以城。

_____

① 1.216.

② Dor 或 Dora 位于巴勒斯坦沿海，凯撒利亚以北几十公里处，卡梅尔山南边。

(115)从我们的立场来看，难道我们不可以说阿皮安是头蠢驴吗？他胡言乱语，一派谎言。他所写的那些地方并不存在，他还改变了地图上那些城市的位置，其实他并不了解那些城市。(116)以土买与加沙同一纬度，与我们的领土接壤。那里并没有叫多利以的城市。在腓尼基倒是有一座取这名字的城市，在卡梅尔山附近，但与阿皮安所说的荒诞故事并没有共同之处。从那里到以土买要走四天的路程。(117)另外，如果我们的祖先这么容易就被引诱，相信阿波罗神会拜访他们，并误以为自己看见阿波罗神带着一串星星在地上行走的话，阿皮安怎能继续指控我们，说我们的神和世界的神不一样？假如这个故事是真的，那显然说明那些犹太人从来没有见过灯，然而犹太人的节日却是灯火通明的！① (118)当扎比度在我们国家游行时，那些人中竟没有一个遇到他！ 在当时的战争时期，城墙竟无人看守！(119)我努力克制自己不再做更多的评论，只是要说明一点，圣殿的门高六十肘，宽二十肘②，所有的门都镀上了金，几乎完全被精炼的金箔③覆盖；每天至少需要两百个人④来关闭它们，并且它们是被禁止敞开的。(120)但在那故事里，我们

---

① 特别是住棚节(参 Mishnah, *Sukkah*, 5.2 - 4 中对整夜通明的节日栩栩如生的描绘)和修殿节(俗称"光明节")。《犹太古史》12.325。参下面 282 节。

② 《犹太战记》5.202 记载的圣殿尺寸是 30 肘×15 肘。

③ 也可能是"所有都覆盖了黄金，都是一片片锤炼出来的黄金薄片"。

④ 《犹太战记》6.293 告诉我们，需要二十人关闭内院的东门。根据这个说法，Hudson 把这里的数字修改为二十；但约瑟夫可能的意思是分开的几批人，每批二十人受雇关闭圣殿的十扇门。

那位罩着灯架的老兄,不仅凭着自己的能力打开了这些门,而且还带着驴头逃走了。但后来他是不是把驴头还给了我们,还是阿皮安自己发现了它,并把它放回圣殿的原处,好让安提阿古来找,这样阿皮安才可以编写第二个好故事?这就不得而知了。

指控犹太人发誓与希腊为敌

10. (121)随后①,阿皮安又把一个假想的誓言归在我们头上,竟然说我们以创造天空、大地和海洋的神的名义起誓,不对任何外邦人表示善意,尤其是希腊人。(122)他既然这样诽谤我们,就应该说"不对任何外邦人表示善意,尤其是埃及人"。只有这样说,这个誓言与阿皮安最初虚构的故事才相一致。如果照阿皮安所说的那样,我们的祖先被他们埃及的"同族人"放逐的原因,并不是他们之间的怨恨,而是我们祖先的不幸。(123)我们与希腊人之间的隔阂,更多是出于地理上的原因,而不是制度上的原因,所以我们既不恨他们,也不嫉妒他们。(124)恰恰相反,大多数希腊人已经同意接受我们的法律。他们中的一些人仍旧忠心,而另一些人,由于缺少必要的忍耐,后来又放弃了②。在这些人中,没有人提到说,曾经听到我们中的任何人说过这样的誓言。显然,阿皮安是唯一听到这个誓言的人,由此可见是阿皮安发明了这个誓言。

---

① 这段(121—124节)的出现很唐突,雷内克把它衔接到上面99节末尾,似乎更妥当。参塔西陀《历史》5.5。

② 参280节及后面的内容。

很多反犹的争论是从犹太人不幸的遭遇中产生的

11. （125）在接下来我要讲的论据中，阿皮安的非凡卓识简直令人惊讶。阿皮安认为，我们的律法是不公正的，我们的宗教礼仪是不正确的。最明显的证据就是，我们不是一个帝国的统治者，而是奴隶，先是一个民族的奴隶，然后又做另一个民族的奴隶，这样的灾难已经不止一次降临在我们的城市。难道阿皮安的本族同胞，从远古时代起，就已经是有独立主权的王国的统治者吗？难道他们就没有服侍过罗马人吗？（126）如果罗马人说这样傲慢的话，还可以容忍。全世界没有人会不承认阿皮安的观点正是说到了他们自己的痛处。（127）只是少数人有这样的命数，在等待时机的过程中，成立了帝国。但即使是那样，随着命运的变迁，他们会再次降卑，在外族的轭下受到奴役。大多数民族不得不常常臣服于其他民族。（128）看来，只有埃及人是特例，他们从不做亚洲或欧洲任何征服者的奴隶。根据埃及人的记录，这是因为众神在他们的国家避难，并通过装扮成野生动物①的形状，救了自己的性命。事实上，自从世界的开端以来，这些埃

---

① 参 Ovid, *Metamorph* 5.321-331。（大地之子堤丰匆匆忙忙地向那里赶去，但是天上的众神却乔装打扮成动物的样子。利比安亚扭弯弯的号角可以作证。看，宙斯扮作羊群的头领，太阳神阿波罗变成一头牛，酒神巴克斯化身为山羊，黛安娜化身为猫，维纳斯变成鱼，萨杜恩朱诺变成雪白色的牛，赫耳墨斯变成白鹭的翅膀。——中译者注）

及人从来没有过哪怕只是一天自由的日子，即使在他们本国统治者的手下，他们也不自由！（129）他们在波斯人手下得到粗暴的待遇。波斯人不止一次，而是多次洗劫他们的城市，摧毁他们的寺庙，屠杀被他们尊为神的牲畜。我不会责怪这些波斯人。（130）我不能效仿阿皮安的无知，他从来没有考虑过雅典人或斯巴达人不幸的遭遇。在希腊人中，人们公认斯巴达人是最勇敢的，而雅典人是最敬虔的①。（131）我不谈君王们不幸的人生［比如克娄苏（Croesus）］，他们大都以敬虔闻名。我也不谈火烧雅典卫城②、以弗所神庙③和德尔斐神庙④及更多的事。谈到这些暴行，没有人会指责事件的受害者，总是指责那些行凶的人。（132）只有阿皮安标新立异，这样指责我们，竟然忘记了在他自己的埃及发生过的灾难。显然，埃及神话般的国王塞索斯特利斯（Sesostris）无疑使他的眼睛瞎了⑤。

（133）至于我们这边，我们也可以我们的国王大卫和所罗门夸口，他们征服了许多民族。但让我们略过他们不谈，只来考察一个被阿皮安忽略的事实：埃及人才是奴隶，是名符其实的奴仆，先是波斯人的奴仆，后来又是马其顿人的奴仆。马其顿人是继波斯人之后亚洲的统治者。

---

① 参《使徒行传》17：22。
② 是薛西烧毁的（希罗多德《历史》8.53）。
③ 即亚底米神庙，据称是在公元前 356 年亚历山大出生那晚被赫罗斯特拉特烧毁。
④ 更古老的德尔斐神庙大约在公元前 548—前 547 年被意外烧毁。约瑟夫指的是晚些时候的一次火灾。
⑤ 据说塞索斯特利斯和他的儿子都成了瞎子（希罗多德《历史》2.111）。

（134）那时，我们的国家不仅是独立的，还统治了周围的国家大约一百二十年①，一直到伟大的庞培那个时代。当罗马人向世界上所有的君王宣战时，只有我们的国王，因着他们忠诚的缘故，一直是罗马人的盟国和朋友。

有关犹太人中间没有天才的争论

12.（135）"但是，"（阿皮安辩驳说，）我们犹太人中间"还没有产生过任何天才，例如优秀的艺术家，手工制造发明家或杰出的智者"②。他列举苏格拉底（Socrates）、芝诺（Zeno）、克莱安赛斯（Cleanthes）③和其他类似有才能的人；随后——最让人震惊或最令人叫绝的是——他把自己的名字也加在了名单上，恭喜亚历山大拥有这样一位公民！（136）说句实话，阿皮安的确需要这个声明，因为全世界都认为他是个低级的江湖郎中，他的生活放荡就像他的言语一样。就此而言，亚历山大相当值得同情，如果这个城市竟然以阿皮安这样的公民为荣。至于我们犹太人中间的著名人物，他们有资格位列于最杰出的人才，读者可以从《犹太古史》中了解他们。

---

① 时间的估计略有夸大，应当是从马加比起义到庞培入侵耶路撒冷（公元前168—前63年）为止。从大约公元前143年算起，应当是八十年（《马加比一书》13章41节），这个算法更准确。

② 莫伦也这样批评犹太人，见下面148节。

③ 公元前263年，克莱安赛斯继任芝诺，成为斯多葛学派的代表（芝诺是斯多葛学派的创立人）。

其他指控：动物献祭，不吃猪肉，割礼

13.（137）在阿皮安的指控中，还有其余的一些指控条目，但也许最好还是留着不要作答，就让阿皮安自己指控自己，或者指控他的国家吧。他谴责我们献家畜，而且不吃猪肉，还嘲笑我们行割礼。（138）说句实话，其他民族同样也有类似我们屠杀家畜的习俗。阿皮安批评那些有这个习俗的人，其实也是背叛了他的埃及人出身。希腊人或马其顿人不会为此感到愤怒。事实上，他们的民族用大量的牲畜向众神①许愿，并用献祭的牲畜来举行盛宴。然而，这并没有引起像阿皮安所说的结果，导致世界上的牲畜缺乏。（139）恰恰相反，如果人类采纳了埃及人的习俗，那么世界上就不会有人存在，到处会遍布野蛮的走兽，都是埃及人刻意饲养的，因为他们相信这些野兽是神。（140）另外，如果问阿皮安，在他的观念中，谁是所有埃及人中最聪明、最敬畏神的人，他会毫不怀疑地承认，"是祭司"。（141）因为，据说最初祭司从皇室那里接受了两个使命：一是敬奉神明，二是掌管学问。但是所有的祭司都行了割礼，而且所有祭司都不吃猪肉②。即使在其他的埃及人中，也没人用猪向众神献祭。（142）那么，是不是阿皮安的头脑被蒙蔽了？他站在埃及人的立场，对我们进行谩骂，但实际上是在骂他们自己。因为埃及人不仅践行这些被他所斥责的习俗，

---

① 参荷马《奥德赛》17.50。

② 有关埃及人行割礼的习俗，参希罗多德《历史》2.37，104。他们不吃猪肉，一些特殊时期例外。有关详情，参希罗多德《历史》2.47。

而且就如希罗多德所告诉我们的①,他们还教导其他人接受割礼。

阿皮安的结局

(143)因此,我不得不认为,阿皮安因为诽谤他国家的法律受到惩罚是公正且恰当的。他身上长了一个溃疡,需要做必要的切割手术。手术并未减轻病症,溃疡发生了腐烂,他在痛苦折磨中死去。(144)一个聪明人的职责是小心谨慎地遵守自己国家的宗教法律,并且克制自己不要去批评其他国家的法律。阿皮安不仅违反了自己国家的法律,还诽谤我们的国家。这就是阿皮安的结局,也是我对他所作评论的一个总结。

我的计划:通过描述犹太律法来驳斥莫伦等人的言论

14. (145)然而,莫伦、吕西马库和其他人,对我们的律法制定者摩西和他的律例,做了很多既不公正也不真实的评论。他们诽谤摩西是撒谎者,是一个骗子,说我们听信别人的话语,并且宣称我们学到的都是恶习,没有美德。他们这样评价,部分是出于无知,但主要是心存不良。看到这种情况,我愿意尽自己最大的努力,简要地描述一下我们的律法,包括律法的概论和其中的细节。(146)我认为,经过我的描述,读者可以很明显地看到,我们拥有一部设计精良的律法,除了主张公义、勇敢和不惧

---

① 希罗多德《历史》2.104(本书 1.169 曾引用过)。

死亡之外,还提倡敬虔,并且和他人保持良好的关系,以及对世界的仁慈。因此,我请求读者在阅读这些内容的时候不要带任何偏见①。(147)我的目的不是要为我们的民族写一篇颂文;但是我认为,为了回应无数针对我们的虚假指控,我们只能从管理我们日常生活的律例中,去找到反驳这些指控的最佳论据。(148)我个人很愿意这样做,因为莫伦不像阿皮安,他没有用专门的篇幅来指责我们,而是分散在他的作品中,有时在这里,有时在那里,对我们进行批评。在某一处,他谩骂我们是无神论,说我们不与外人交往。在另一处,他批评我们是懦夫。然而,在又一处,他出尔反尔,指责我们是鲁莽和轻率的疯子。莫伦接着说,我们是所有野蛮人中最愚蠢的民族,是唯一对人类没有贡献的民族。(149)因此我想,如果我可以证明,我们在日常生活中恪守的律法,其本质和上面的描述截然不同,就可以反驳所有这些诽谤。(150)在这个过程中,假如我非得引用其他国家盛行的法律,和我们的律法是相反的,那也只能怪那些批评家,因为他们说,我们的律法不如他们的法律。我想,从今以后,这些谴责我们的人再也没有借口否认,我们是这些律法的拥有者,我们是所有民族中最遵纪守法的,这律法也是我引用最多的。

有法律和无法律的对比

15. (151)在稍稍偏题之后,我们继续往下说。首先,我认为,与那些无法无天、没有法律的人相比,支持秩序和法律——那是一部给所有

———————————————————

① 或"嫉妒"。

人的律法——并且率先引进律法的人,应当说更加文明,具有更高的美德。(152)实际上,每个民族都会竭尽全力,追溯自己的法律到最久远的年代,目的就是要给人一种印象,他们不是在模仿别人,而是在为邻友设立榜样,表彰自己在体制的管理下,过着井然有序的生活。(153)在这样的体制下,一个立法者的美德在于他具有洞察力,能够看见什么是最好的,并且能够把那些活在他所引进的法律之下的人带进法律里去。而大众的操守,就是忠实地遵守所制定的法律,无论是顺境还是逆境,都不会改变法律。

摩西是最古老的立法者

(154)我坚持认为,在全世界的记载中,我们的立法者(摩西)是所有立法者中最古老的一位。与他相比,你们的莱喀古斯(Lycurguses,约公元前 800 年)、梭伦(Solon,公元前 638—前 558 年)和扎莱乌库斯(Zaleucus,约公元前 600 年)——他们为洛克里人(Locrians)制定了法律——以及所有希腊人高度推崇的立法者,显得就像昨天才出生的一样。其实在古代的希腊,人们根本不知道"法律"这个词。荷马可以为此作证,因为他的诗歌里①从来没有提到过这个词。(155)实际上,在荷马的时代,根本没有法律这回事。民众在王室的法令和格言的管理下生活,而这些格言缺乏明确的定义。此后,在很长一段时间里,希腊人采用

---

① 法律(νόμος)这个词首先出现在赫西俄德的作品中,较早的术语是 θέμιστες
（Homer）和 θεσμοί（法令）。

非书面的传统进行管理。随着时间的改变,很多传统也会改变,来配合具体的情况。(156)与这种情况相反的是,我们的立法者生活在最遥远的过去(我认为,即使是对我们最肆无忌惮的诽谤者,也不会否认这一点)①。摩西证明自己是本民族最好的导师和顾问。他制定了一部法规,涵盖了他们生活中的所有行为。然后又引导他们接受这部法规,督促他们坚决效忠这部法规,并保证时刻都遵守它。

摩西的工作:既是将军,也是宗教导师

16. (157)让我们来回想摩西的第一个伟大成就。起初,当我们的祖先决定离开埃及,返回故乡时,是摩西指挥不计其数的民众,并带领他们安全地胜过一连串可怕的困难。他们需要穿越广袤而缺少水源的旷野,打败敌人,还要在战争的时候,保护好自己的妻儿和牲畜。(158)在整个过程中,摩西证明自己是最好的将军、最贤明的导师,也是问心无愧的守护者。他成功地让所有的百姓都听从他,并在一切事上都听他的吩咐。尽管如此,他没有利用自己的影响力来扩张个人的权势。(159)从来没有。恰恰相反,即使是在带队的首领要求绝对和专制的权力,并且带领自己的下属过着极端无法无天的生活时,摩西虽然已经达到可以发号施令的高位,但他还是认为自己有责任过敬虔的生活,并且为自己的人民制定大量良善的律法。他相信,这是彰显自己美德最好的方法,同时也是为了保障那些推举他为领袖的人民的好处。(160)怀着这样伟大

---

① 不过阿皮安把摩西的年代推后到公元前 8 世纪(17 节)。

的抱负,并且在取得了这样的成就之后,摩西理所当然地认为,神是他的带领,也是他的导师。他先是说服自己,相信是神的旨意掌管了他一切的行为和思想,并且认为,把这个观念传达给会众,是自己最重要的职责。因此,就有很多人相信,自己的人生都是在神的看顾之下。对这样的人来说,任何罪都是不可容忍的。(161)这就是我们的立法者摩西,他不是江湖骗子,像那些诽谤者对他不公平的称呼一样。相反,他就好像希腊人引以为傲的米诺斯(Minos)①和后来的立法者。

(162)有些立法者把希腊的法律归功于宙斯,而另一些立法者却把法律追溯到阿波罗和他在德尔斐②的神谕。他们或者相信这是事实,或者期望用这种方式来帮助自己接受法律。(163)但究竟谁是最成功的立法者,谁最接近神最真实的构思呢? 我们可以通过比较不同的法律来回答这个问题。现在我就要开始讨论这个问题。

摩西的法典,一个"神权统治"的国家

(164)世上有很多风俗和法律,它们在细节上千差万别。概括来说:一些民族把最高的政治权力赋予君王,有些则赋予寡头政治的政权,而另一些民族则把最高的权力交给了大众。(165)然而,我们的立法者并不为这些政治形式所动,而是制定了一部"神权统治"(theocracy)③——

① 米诺斯是公认的克里特人的君王和立法者。
② "有些立法者"是指米诺斯等人,"另一些立法者"是指莱喀古斯等人。
③ 这个词显然是约瑟夫自创的;"神权统治"这个观点可以追溯到旧约时代。

如果一定要用一个词来表达的话——的法典。这部法典把一切主权和权柄都归于神。(166)摩西劝所有的犹太人都要仰望神,他是一切祝福的源头(不仅包括赐给所有人类的普遍祝福,也包括犹太人在历史上的危难时刻借着祷告得到的祝福)。(167)摩西努力说服犹太人,没有任何行为和任何隐秘的思想可以向神隐藏。神表明自己就是那位唯一的,他不是受造的①,他是一切永恒中不可改变的存在;他的美丽超过一切必朽坏的思想②。神靠着他自己的能力向我们彰显,尽管如此,他真实存在的本性③超越了人的知识。

摩西的宗教是给多数人的,不(像希腊哲学)是给少数人的

(168)那些最聪明的希腊人都借鉴了摩西的宗教原理④,并从中接纳了有关神的观点。我不是想竭力说服你们,但是希腊人有许许多多的见证,证明摩西教义的卓越性,而且他们也赞同神的本性和权威。事实上,毕达哥拉斯、阿那克萨哥拉(Anaxagoras)、柏拉图和柏拉图之后的斯多葛派学者,几乎所有哲学家在有关神的本性这个问题上,都持有相似的观点。(169)尽管如此,这些学者只向少数人提

---

① 不像希腊神明那样是生出来的(参240节)。

② 或"样式"(参190节)。

③ 或"本质"。

④ (公元前2世纪的)阿里斯托布鲁斯首先提出这个理论,后来被斐洛和其他作家所接纳。

出自己的哲学观点，他们不敢向已有成见的大众泄露自己真正的信仰。而我们的立法者怎么做，就怎么说，是个言行一致的人。他不仅说服了和自己同时代的族民，还深深地把有关神的信仰根植在子孙后代的头脑中，使这个观念不可动摇。（170）摩西成功的原因在于，他所制定的律法，其本质决定了这部律法（无论在什么情况下）都比其他法律来得实用。因为摩西没有把宗教看作是美德的一部分，而是把各种美德——我指的是公义、节制、忍耐和社团成员在一切事情上的和谐共处①——看作是宗教的组成部分。（171）宗教管理着我们所有的行为、工作和言语。我们的立法者在每一件事情上都做了明确的规定，没有留下模棱两可的空间。

摩西把行为和教训结合起来

所有的教育体系和道德教训都可以分为两大类：第一类是通过观念来教育道理；第二类是通过实际行为来教育道理。（172）除了摩西以外，其他所有的立法者都选择了一种自己喜欢的方法，而忽略了另一种方法。他们的观点也各有不同。因此，拉克代蒙（Lacedaemonians）和克里特人（Cretans）采用了实践性而非语言性的训练，而雅典人和几乎所有其余的希腊人都喜欢制定法律，用强制的方法规定什么行为是可行的，什么行为是不可行的，但是却忽略了通过实践这些法律来和周围的人相

---

① 柏拉图学园的四个基本美德，只是"和谐"（συμφωνία）在这里替代了通常所说的"智慧"（φρόνησις）。

处交往。

17. （173）我们的立法者正好相反。他竭尽全力把两种方法结合起来①。一方面，对于道德的实践性教育，他的立场非常明确②。另一方面，他也没有让律法的字句成为死的文字。从最开始的食物律例，也就是我们从小在家里吃的食物③，一直到个人的自由选择和意念，在摩西的律法里，没有一件事情是无关紧要的。（174）什么肉不可以吃，什么肉可以吃；什么样的人可以交往；什么时候应当专门用来努力工作，什么时候应当休息——所有这些事情，我们的领袖都制定了法律，以此作为标准和规矩。我们生活在律法之下，就像生活在一个父亲和主人的手下④，不会因为人的故意或无知而犯罪，以致带来亏欠。

所有的犹太人都知道这部律法

（175）对于人们的无知，摩西没有给他们留下借口。他指定这部律法是最卓越、最必需的教育形式。他不是要求人们在某些特殊的场合，听过一遍两遍就可以，而是要求人每个星期一次，放下他们其他的工作，

---

① 参见斐洛对摩西的颂词，称赞摩西避免了其他立法者所存在的那种一边倒的问题。

② 直译为"没有保持沉默"。

③ 或"日常食物"。

④ 参《加拉太书》3:24，律法是我们"训蒙的师傅"（παιδαγωγός）。

聚集起来，聆听律法，全面而准确地理解律法的知识①。其余的立法者似乎都没有采取这种做法。

18.（176）事实上，大多数人生活放纵，而且不按照他们自己的法律生活，以至于他们几乎不知道自己是谁。只有当他们做错事后，他们才从别人那里得知，他们触犯了法律。（177）即便是那些地位最显赫、最重要的官员，也承认他们自己的无知。他们雇佣职业的法律专家来做主管，负责管理法庭事务。（178）相反，如果我们的同胞被问起律法的事情，他会毫不犹豫地复述律法的内容，比自己的名字还要熟悉。从开始懂事那一刻起，我们就把生活完全建立在律法的基础上，结果就是，我们把这些律法几乎都刻在了自己的心上，违反诫命的人是非常罕见的，也没有人可以用任何借口来逃避惩罚，这几乎是不可能的事情。

和谐源于教义的统一

19.（179）犹太人以和谐著称，也是出于这个原因。相同而统一的宗教信仰，完全一致的风俗习惯，带来了人类个性中美好的和谐与默契。（180）在我们中间，你不会听到对神有不同或互相矛盾的看法，而这在其他民族中是非常普遍的。不仅普通人在情绪冲动的时候会彼此冲突，即

---

① 约瑟夫引用了拉比的传统（《塔木德》，Jer. *Megilla* 4.1）。根据拉比的记录，摩西在每个安息日和节期都会公开朗读律法，教导律法的传统。参《犹太古史》15.43；Philo，*De opif*. *mund*. 128 节（Cohn）；还有 Dr. Buchler 的 art. in *J. Q. R*. 5.427（1893 年）。《申命记》31:10 只提到每七年朗读一次。

便是造诣精深的哲学家,也会因不同的看法相互攻讦。一些人用过分的言论驳斥神的存在①,另一些人则否定神对人类的看顾和护理②。只有我们的民族在生活操守上没有分歧。(181)我们的行为举止都相类似,关于神,我们承认同样的教义。这个教义和我们的律法是一致的,肯定所有的事情都在神的看顾之下。即便是我们的妇女和寄居者也会告诉你,在我们的生活中,敬虔必须是一切工作和活动的动机。

由于我们教义的稳定,导致我们缺乏创意

20. (182)事实上,正因如此,才导致一些评论家③批评我们在艺术或文学方面毫无建树。在大多数世人眼里,若有人脱离从祖上继承下来的传统,这是一件好事。那些有勇气反抗传统的人,还被誉为拥有高超的能力。(183)与此相反,对我们来说,唯一的智慧,唯一的美德,就是克制自己的行为和思想,绝对不能违背最初制定的律法。这也可以证明,我们的律法起草得非常完美。至于那些和我们的律法性质不同的法律,根据经验来看,它们都需要完善。

我们的法典是"神权统治"的,不需要改进

21. (184)至于我们,我们相信起初制定的律法和典章是出于神的

---

① 指怀疑论者,比如皮浪(Pyrrhon)和他的门徒蒂蒙(Timon)。
② 例如伊壁鸠鲁主义者(Epicureans)。
③ 参 135 和 148 节。

旨意,因此认为违背律法是不敬虔的行为。谁能够更改其中的字句呢?还有什么比这律法更美的呢?还需要参考其他文献来做改进吗?(185)有谁想要改变整部法典的特点吗?我们的政体把神放在宇宙的首位,把最重要的行政事务派给祭司阶层,并且委任尊贵的大祭司指挥其他祭司。还有比这更好、更合理的政权形式吗?(186)此外,这些祭司能够在最开始被那立法者任命授予高职,不是因为他们有更多的财富,也不是因为有其他格外的优势。那立法者选择那些口才流利、有说服力、有判断力,在这几个方面特别出色的人,任命他们担任祭祀敬拜的任务,把敬拜作为自己的首要职责。(187)然而这个职分还有更深的要求,祭司必须严格督责律法,并监督律法在日常生活中的实行。因为在委派祭司的职责中,还包括日常监督,对诉讼事项的审讯,以及惩罚被定罪的人①。

22.(188)还有比这更圣洁的政权形式吗?还有什么制度比我们的律法更配得荣耀神呢?在我们的法律制度下,宗教是教导整个社团的结论,也是目标。祭司被委任担当这个特殊的职分。整个国家的行政管理类似一种神圣的仪式②。(189)因着神秘和入会仪式的名义所制定的这些行为规范,别的民族即使几天都很难坚持,但我们却以喜乐和无畏的决心,终生遵循这些典章。

---

① 在海卡台欧介绍犹太教的作品中,也有类似的段落(*ap*. Diod. Sic. Xl *sub fin*.)。约瑟夫显然是参考了海卡台欧的这段内容,描述祭司的拣选、祭司的职责以及大祭司的至高地位。
② 或"入会仪式"。

诫命：关于犹太人对神的理念

（190）那么，我们的律法的教训和禁令又是什么呢？非常简单，也并不陌生。整部律法之上的核心和主题就是神。整个宇宙都在神的手中。神是完全的，也是有福的，他自我满足，并满足所有。神是一切事物的开端、经过和末了①。因着他的工作和宽容，我们得以看见他，而且比我们可以看到的更加明显，但是神的样式和伟大远远超越我们可以形容的能力。（191）无论什么贵重的材料，也不配用来塑造他的形象，也没有哪种艺术或技巧可以刻画或表达他的形象。我们从未见过他的样子，我们也不去想象，猜测神的样子是不敬虔的行为。（192）我们可以看见神的工作，（他创造的）光，天，地，太阳，水，繁衍不息的动物，发芽生长的庄稼。神创造了这些东西，不是用手，也不用劳力，也没有谁来帮他，他不需要助手②。神想要这么创造，这些东西立刻就被创造出来，各有各的美丽③。我们必须通过操练自己的美德来敬拜他，因为这是敬拜神最崇高

---

① 关于"开端和末了"，参《启示录》1：8，21：6。关于"经过"，雷内克引用拉比学派的传统（《塔木德》，Jer. *Sanhed*. 18a），拉比用"真理"(אמת)这个词来代表神，因为这个词包含了希伯来字母的第一个、"中间"一个（有误）和最后一个字母。但是雷内克怀疑这三个字母（Alpha, Mem, Taw）应当是希腊词ἀρχή，μέσον和τέλος的首字母的音标。

② 根据柏拉图（*Tim*. 41C，42E）的描述，神在创造的过程中还有其他的合作者。斐洛继承了柏拉图的观点（*De opif. mund*. 72 Cohn）。

③ 《创世记》1：31。

的形式。

圣殿崇拜

23. （193）我们只有①一座圣殿，也只有一位神，两个是一样的道理②。所有的人都在同一座圣殿里，正如所有的人都敬拜同一位神。（194）祭司在当班领袖的带领下，轮流承担敬拜神的工作。他们和同僚彼此合作，向神献祭，保护律法，裁决纠纷，惩罚那些被定罪的人③。（195）违背这领袖的命令，就等于对神不虔不敬，必须接受同等的惩罚。我们的献祭不是用来麻醉或放纵自己的场合；这样的行为是神所厌恶的，我们的献祭是慎重的④。（196）在这些献祭的仪式上，首先要为群体的利益祷告，然后才为我们自己祷告，因为我们是为群体而生，把群体的利益置于个人的利益之上，这是特别蒙神悦纳的。（197）我们应当祈求神的不是给我们祝福，因为他主动把福气赐给我们，让我们自由支配，因此，我们要祈求领受福气的能力，并且在领受了以后，能够持守它们。（198）关于献祭，律法规定，在不同的场合，有不同的洁净

---

① 希腊文在此处没有动词。193—195 节的现在和将来时态值得注意，因为这部作品是公元 70 年以后写的，当时圣殿崇拜已经终止。

② 参 Aristot，*Eth*.9.3.3（"喜欢和喜欢相亲"），Sirach 13.15（19）。

③ 参 187 节。

④ 优西比乌也有类似的记载。Cod. L 在这段加插了另一些话："不是粗野和奢侈的借口——而是慎重的、有秩序的和尊贵的（也可以读为"简单的"），这样我们的献祭就显得特别庄重。"

礼:死人下葬,婴儿出生,夫妻同房,以及在其他很多事情上,都要行洁净礼①。

有关婚姻的律法

24. (199)我们有关婚姻的律法又是怎样呢? 我们的律法只认可一种性关系:男人和妻子的正常联合,且这纯粹是为了生育后代②。与男人苟合是律法所憎恶的,人如果犯了这个重罪,必须处死③。(200)律法教训我们,在娶妻的时候,不要因为嫁妆而受到影响,不要用武力来强迫妇女,更不要用狡诈和欺骗来赢得女人的心,而是要恳求那位有权柄放她走的人,根据亲属的关系,他有权柄这么做④。至于妇女,律法上说,妇女在一切事上都比男人要弱⑤。(201)所以,妇女要学习顺从,这不是为了羞辱她,而是让她可以受指教,因为神把教育的权柄赐给了男人。丈夫必须只和自己的妻子联合,玷辱他人的妻子是不敬虔的行为。任何犯了这种罪行的人,必须被处死。无论他是奸污了已经许配给别人的处

---

① Cod. L 有补充:"这些洁净仪式提起来冗长乏味。这是我们的教条,律法上写的也是关于神和敬拜神的事情。"

② 在摩西五经中没有特别的规定,但是在《塔木德》中有暗示(雷内克引用其中的章节)。参"艾赛尼人的规章秩序",《犹太战记》2.161。

③ 《利未记》20:13,18:22、29。

④ 有关禁止近亲结婚的法律,参《利未记》18:6 及后面的内容。这段话里面其他的禁令,是根据传统的规定。

⑤ 《创世记》3:16。

女,还是和已婚妇女通奸①。(202)律法要求父母把每个孩子都抚养成人,严禁妇女堕胎。如果有妇女堕胎,她就是犯了杀害婴儿的罪,因为她毁灭了一个灵魂,削减了种族的人口②。(203)同理,如果有人和怀孕的妇女性交,他也是不洁净的。即使丈夫和妻子合法性交后,也需要洁净③,因为律法认为,在性交的时候,人的一部分灵魂出现分离,灵魂的一部分进入了另一个地方;当灵魂进入身体的时候,双方都承受了痛苦④。同样,当一个人死亡,灵魂离开身体的时候,两者都感到痛苦。因此,律法规定在所有这类情况下,都要守洁净礼。

教育儿童

25. (204)同样,律法也禁止我们借口为儿童庆祝生日欢宴或酗酒⑤。律法规定,父母从一开始抚养孩子的时候,就要慎重。按照律法的命令,孩子从小要教他们阅读,还要学习律法和他们先祖的事迹⑥,好让他们效仿祖先的行为,并且扎根在律法的根基上,不至于违背律法,或者有任何借口对律法表示无知。

---

① 《利未记》20:10。

② 律法无此规定。

③ 《利未记》15:18。

④ 艾赛尼人的观点(也是柏拉图的观点);参《犹太古史》2.154及后面的内容。

⑤ 不过,《塔木德》认为,在婴儿出生和行割礼的时候可以举行家宴(雷内克)。

⑥ 《申命记》6:7,11:19。

葬礼

26.（205）根据律法，人死了也要举办仪式。这仪式不是奢华的葬礼，也不需要竖立惹人注目的雕像①。葬礼要请关系最近的亲属来参加。在葬礼进行的过程中，所有经过的人都要加入，和死人的家属一起哀悼②。葬礼之后，死人的房屋和屋子里同住的人也要被洁净③。这样，人若犯了杀人的罪，就不会以自己为洁净的。

孝敬父母和其他规定

27.（206）我们的律法把孝敬父母的诫命放在尊崇神的命令之后④。如果儿子不孝顺父母，对不起从父母那里领受的恩惠，律法说这样的人要用石头打死⑤。律法要求年轻人要尊敬所有年长的人⑥，因为神是所

---

① 这是《塔木德》的规定，并非律法的命令。

② 这是《塔木德》的规定，并非律法的命令。关于哀悼的礼节，参《便西拉智训》7章 34 节。

③ 参《民数记》19：11 及后面的内容。

④ 第五条诫命（出 20：12；申 5：16），前面四条诫命是关于神的。参 Aristeas，228；拉比的教导和亚伯拉罕的类似（*Stud . in Pharisaism*，1.26）。

⑤ 《申命记》21：18 及后面的内容。

⑥ 《利未记》19：32。

有一切中最古老的①。（207）律法允许我们对自己的朋友可以没有隐藏，因为没有绝对的信任，就没有友谊②；如果好朋友后来分开了，律法规定不可以泄露对方的秘密。法官如果接受贿赂，要被处以死刑③。（208）如果人有能力施舍，却拒绝别人的求助，他要受到公义的惩罚④。没有人可以支配并未支付给他的货物⑤，也不可以抢夺邻舍的财物⑥，不可以收取利息⑦，这些诫命以及其他类似的规定是把我们联结起来的纽带。

对外邦人的态度

28.（209）我们的立法者同时也制定了公正对待外邦人的律例，这些律例同样值得关注。从这些律例中可以看到，我们的立法者采取了一切尽可能好的措施，来保证我们的风俗不会崩塌，并且向那些愿意分享这些风俗的人慷慨公布这些律法。（210）对那些愿意和我们同住，并遵守我们律法的人，他仁慈地欢迎他们，并坚持认为，并非只有家庭纽带可

---

① 参《但以理书》7：9（"亘古常在"）；《利未记》19：32。

② 艾赛尼人的教义，参《犹太古史》2.141，在摩西五经中没有这条教义。

③ 《出埃及记》23：8；《申命记》16：19，27：25；但是并没有提到死刑。

④ 《申命记》15：7 及后面的内容（作为道德伦理而已）。

⑤ 参《利未记》6：2。

⑥ 《出埃及记》20：15。

⑦ 《出埃及记》22：25；《利未记》25：36 及后面的内容；《申命记》23：20（除非是借给外邦人）。

以建立关系,因着大家共同遵守一样的行为准则①,也可以建立关系。另一方面,他并不乐意看到客旅被接纳进入我们最亲密的日常生活②。

律法的人道主义

29. (211)除此之外,在其他事情上,我们的立法者也教导我们要把自己的东西和他人分享。只要有人提出需求,我们就必须给他们提供用火、饮用水和食物,并为他们指路③,如果看见路上有尸体,还要帮助埋葬④,甚至对公开的敌人,也要表示关切。(212)不允许我们焚烧敌人境内的农地⑤,也不允许砍结果子的树⑥,甚至禁止欺负软弱的战士⑦。(213)采取措施禁止虐待战俘,尤其是不能虐待妇女⑧。他用温和仁慈

---

① 有关"寄居的客旅"的诫命,参《出埃及记》20:10,22:21 等。

② 可能是暗指不让外邦人守逾越节的规矩,参《出埃及记》12:43(雷内克)。

③ 参《犹太古史》4.276(为所有的人指路);《申命记》27:18(为瞎眼的人指路)。约瑟夫在这里可能是暗指罗马作家尤维纳利斯(Juvenal)在 *Sat*.14.103 及后面章节中对犹太民族的诽谤和中伤:"他们习惯藐视罗马的法律,效法操练并敬畏犹太法律,以及所有摩西在圣书上的诫命,拒绝给那些不和他们一起崇拜的人指路。他们只给那些受过割礼的人指路,去到那希望的泉源。"值得留意的是,"希望的泉源"可能是指犹太人的水礼,即施洗约翰的水礼。

④ 参《申命记》21:23;《多比传》1 章 17 节及后面的内容。

⑤ 律法中没有这条命令。

⑥ 《申命记》20:19。

⑦ 律法中没有这条命令。

⑧ 《申命记》21:10 及后面的内容。

的方式,给我们一套全面的纪律指引,甚至连野蛮的牲畜也没有被忽略,吩咐我们要根据律法的规定来使唤它们,并禁止任何滥用牲畜的行为①。如果有动物在我们的家里安顿置窝,好像前来求宿的人一样,我们就不可以杀害它们②。他不允许我们把母鸟和雏鸟一起拿走③,还吩咐我们,即使在敌人的国境中,也要宽待耕地劳作的牲畜,不要杀害它们④。(214)在每一件事上,他都注意要维护仁慈,用我提到的这部律法来加强教育,还撰写了刑罚的条例,用在那些违法的人身上,使他们没有逃避的借口。

刑罚

30. (215)大多数违反律法的行为,律法规定的刑罚是死刑:比如奸淫⑤、强暴尚未嫁人的女子⑥、与男人苟合⑦,以及纵容他人这样的残暴倾向。奴隶如果犯了罪,律法也一样严惩不贷。(216)类似欺诈的行为,比如缺斤短两、克扣尺寸,或者买卖不公平、有欺诈行为,或者偷窃他人的财产,或者强占不属于自己的东西——所有这些罪行都有对应

---

① 有关安息日的诫命,参《申命记》5:14。
② 律法中没有这条命令。
③ 《申命记》22:6。
④ 律法中没有这条命令。
⑤ 《利未记》20:10。
⑥ 《申命记》22:23(如果是已经许配了别人)。
⑦ 《利未记》20:13。

的刑罚①,而且刑罚的程度比其他国家更加严厉。(217)人只要动了违逆自己父母的念头,或者对神有不敬虔的想法,就要立刻处死②。

来生的奖赏

(218)另一方面,对那些遵守律法而生活的人,他们的奖赏不是银子或金子,也不是野橄榄枝③或芹菜叶④编织的皇冠,用这样的记号使他们超越公众之上⑤。相反,每个人靠着他自己良心的见证和立法者的预言,并依靠神明确的见证得到确信。他们坚定地相信,那些遵守律法并愿意在必要时为之付出自己生命的人,神应许他们有更新的存在,并且在那将来的世代有更好的生活⑥。

(219)我在犹豫,是不是该这样写,难道人们还没有看见历史的事实吗?从远古直到现在,我们国家有很多人宁愿承受各种苦难,也不愿意说一句反对律法的话⑦。

---

① 参《利未记》19:11—13,35—36;《申命记》25:13 及后面的内容。但两处都没有提到刑罚的条例。

② 参《申命记》21:18;《利未记》24:13。

③ 好像奥林匹克运动会那样。

④ 好像伊斯米亚(Isthmian)运动会和尼米(Nemean)运动会那样。

⑤ 希腊文是"公众宣告"。

⑥ 在这里,如同在约他帕他的演讲那样(《犹太战记》3.374),约瑟夫阐明了他作为法利赛人对来生的信仰。有关法利赛人的信仰,参《犹太古史》18.14。

⑦ 参本书 1.43,2.233;《犹太战记》2.152 及其后(关于艾赛尼人殉道)的内容。

我们把希腊人视为虚空的理想付诸现实

31. （220）我们的民族在这个世界上并不为人所知，而且我们志愿效忠我们的律法不是明显的事实；（221）然后，假设有人向希腊人演讲，并且承认他演讲的内容是自己想象的结果，或者声称他在这个已知世界之外的某个地方，遇到一些人，他们对神有非常崇高的认知，并世世代代努力忠于我们这样的律法。（222）我想，他的话会震惊所有听众，因为从希腊人的历史来看，他们是一个非常多变的民族。事实上，的确有一些希腊人尝试起草一部宪法或典章，来阐述这些问题，但是他们却受到人们的指责，说他们是在发明超自然的传说。根据批评家①的说法，他们的立场是不能实现的。

当前对柏拉图《理想国》的批评

（223）很多哲学家在他们的作品中都论及这些话题，我不需要一一陈述。我只需要提到其中一位，就是柏拉图。他是一位品格出众的哲学家，希腊人都很仰慕他。柏拉图口才流利，他的演讲具有很强的说服力，胜过其他所有哲学家。虽然如此，我想说，那些自称职业评论家的人还是常常嘲笑他，讽刺他。（224）尽管如此，经过考查，我们可以发现，柏拉

---

① 或"哲学家"。

图的法律比我们的律法要简单得多①，并且更接近大众的习俗。柏拉图自己也承认，把有关神的真理透露给无知的民众是一件冒险的事②。

我们比斯巴达人（或称"拉克代蒙人"）更遵守律法

（225）当然，也有人认为柏拉图的对话录是无用的③，虽然才华横溢，但都是不切实际的幻想。他们最崇拜的立法者是莱喀古斯，全世界都歌唱赞美斯巴达人，因为他们在那么长时间里一直忠于莱喀古斯的法律。（226）好吧，就算我们承认拉克代蒙人（Lacedaemonians）④顺服法律是他们美德的凭据。但是，那些拉克代蒙人的崇拜者是否考虑过，难道他们的历史超过两千年，比我们律法的历史⑤还要长吗？

（227）另外，他们也要看到，拉克代蒙人只有在保持自由和独立的状态下，才会严格遵守他们的律法，一旦遭遇逆境，他们就把律法忘得一干二净。（228）我们则正好相反，虽然亚细亚的统治者不断，这给我们带来了无数的灾难，但即使在最深的痛苦中，我们也没有背叛自己的律法。所以我们顺服律法，不是为了要过舒适和奢侈的生活。只要稍微考查一

---

① 或"远为简单"。

② 柏拉图，*Tim* 28 c："当我们寻见他的时候，（就是那位宇宙的创造者，）要向所有人诉说他的本性是不可能的事情。"

③ 希腊文为"空洞的"。

④ 即斯巴达人。

⑤ 从摩西到提图斯。

下，就可以知道，这些统治者给我们带来的灾难和劳苦，远远超出通常人们所相信的拉克代蒙人所经受的考验，而且还要严重得多。（229）拉克代蒙人既不种地，也不辛苦做工，也不做生意。他们在城市里度过一生，保养自己的身体，通过锻炼身体，让自己显得更加美丽。（230）他们有别人为他们预备生活的需要，为他们准备食物，并且服侍他们。他们做一切事情，或者承受一切苦难的唯一目的，就是打败他们占领的土地上一切反对他们的人。对他们来说，这是一个高尚而又文明的目标。（231）但即使在这一点上，我还是要说，他们也没有成功。实际上，不仅是单独的个人，包括大众在内，都常常违背他们的法律，带着武器向敌人集体投降①。

我们的民族有伟大的承受力

32.（232）有谁听说过我们的民族中曾经有人——我的意思是，不用说如此大规模，哪怕只有两三个人——背叛他们的律法，或者惧怕死亡吗？我不是指在战场上那种痛快的死法，而是在死亡时还伴随着肉体的折磨，这通常被认为是最大的痛苦。（233）在我看来，那些征服者如此将我们折磨至死，不是因为他们特别恨我们，他们只是出于惊讶，想要证明竟然有人相信这种观念，认为这个世界上唯一的罪恶，就是被迫做某些事情或者说某些话来反对自己的法律。（234）这不是什么令人惊讶的事情，为了我们的律法，我们甘愿接受死亡，这种勇气是其他民族不能相

---

① 如在斯伐克推亚（Sphacteria）。

比的。因为在我们的行为规范中,即使是那些最简单的条例,别人也会觉得难以忍受。我指的是个人的礼仪,简单的食物,还有各样的戒律,都叫人没有余地放纵自己强烈的私欲,包括食用肉类和饮料,性关系,生活的奢华,以及在特别固定的时期禁止工作①。(235)然而,那些触发争战,天天面对刀剑和战争,刻苦击退敌军的人,他们竟然不能面对这些有关日常生活的规例;但另一方面,由于我们甘心在这些事情上遵从律法,所以当我们面对死亡的时候,才会表现出这样的英雄气概。

约瑟夫批评希腊人的宗教

33.(236)对此种种情况,吕西马库、莫伦和其他同类的作者,那些道德败坏的诡辩者,还有欺骗年轻人的骗子,都抱怨我们是人类中最可恶的一群。(237)我很不愿意去考查其他民族的典章,因为我们传统的风俗是遵守我们自己的律法,同时克制自己不要批评其他民族的法律。我们的立法者明确禁止我们嘲笑或亵渎其他民族认可的神明,这是出于对"神"这个词的尊重②。(238)但是,因为指控我们的人想通过比较不同的宗教来驳倒我们,所以我实在不能保持沉默。我说得这样肯定,是

---

① 就是安息日。

② 《出埃及记》22:28("不可毁谤神"),七十士译本就是这样翻译的(θεοὺς οὐ κακολογήσεις)。约瑟夫在《犹太古史》4.207也这样翻译,另外还有斐洛(也这样理解什么是毁谤神的名字),*Vita Mos*. 2.(26) 205; *De spec*. *leg* 1.(7) 53 Cohn。

因为我接下来要作的陈述，不是我一时兴起的发明，很多德高望重的作家都已经论述过了。

希腊人对神明的观点是粗俗而堕落的

（239）事实上，在那些以智慧闻名，被希腊人崇敬的人当中，谁没有严厉地抨击过他们民族中知名的诗人和那些最值得信赖的立法者呢？这些人在大众的思想中撒下了第一拨种子，让他们理解有关神的概念。（240）他们随自己喜欢，说有许多神明，由彼此而生，并且出生的方式各有不同。他们给这些神明认定不同的方位和喜好，就像动物群落那样，有的住在地底下①，有的住在海里②，其中最古老的一个被囚禁在塔塔鲁斯（Tartarus）③。（241）至于那些被认定住在天上的神明，他们给这些神明指派了一个名义上的父亲，但实际上是一位暴君和专制的统治者。结果他的妻子、弟弟和他从自己头上生出来的女儿④，联合起来背叛他，把他抓起来关进了监狱，就像他曾经对待自己的父亲那样。

34.（242）所以，这些思想领袖常常严厉地批评这些故事，也是完全

---

① 哈得斯（Hades）和普西芬妮（Persephone）。

② 波塞冬（Poseidon）、安菲特里忒（Amphitrite）和普罗透斯（Proteus）。

③ 希腊神话中囚禁和惩罚泰坦（Titan）巨人的地方。

④ 宙斯、赫拉（Hera）、波塞冬和帕拉斯·雅典娜（Pallas Athene），参荷马《伊利亚特》1.399 及后面的内容。

有理由的。此外,他们也嘲笑希腊神话的信念,因为根据这些荒谬的故事,一些神是没有胡须的青年男子,一些是年纪比较大的,还蓄着胡须①。还有一些神有自己的手艺,其中一个是铁匠②,一个女神是织布的工人③,还有一个女神是战士,专门和男人争战④,另外还有吹长笛的⑤和专门射箭的弓箭手⑥。他们分为不同的派系,就人类的事情互相争吵。在很多时候,他们不仅互相攻击,(243)实际上,他们亦会因被人类所伤害而哀伤和受打击⑦。但是,最为令人奇怪并震惊的就是,在希腊人的宗教里,几乎所有不同性别的神明都彼此倾慕,甚至还淫乱地结合在一起,真是令人叹为观止。(244)此外,在所有的神明中为首且最尊贵的那一位,也就是父亲自己,他在诱奸了妇女⑧并且使她们怀孕以后,又把这些妇女囚禁起来,或者把她们扔到海里淹死。(245)而这位父亲也要完全依赖"命运"的恩待,他不能救自己的子女,在子女死后,他也会忍不住哭泣。(246)既然连众神之父都这样做,其他的神明自然是效仿跟从。比如在天上有很多通奸的事情,更有甚者,许多神厚颜无耻地做旁观者,以至于有些神承认他们嫉妒那对在一起的⑨。他们无法控制自

---

① Cicero,*On the Nature of the Gods* 1.30.

② 赫费司图(Hephaestus)。

③ 雅典娜,荷马《伊利亚特》14.178 及后面的内容。

④ 阿瑞斯(Ares)。

⑤ 阿波罗。

⑥ 阿波罗和阿耳忒弥(Artemis)。

⑦ 荷马《伊利亚特》5.335 及后面的内容,5.375 及后面的内容。

⑧ 就是达奈(Danaë)、伊娥(Io)、勒托(Leto)和塞美勒(Semele)。

⑨ 荷马《奥德赛》5.118 及后面的内容。

己的情欲，即便是其中最年长的国王，也按捺不住对配偶的渴望，过不了多久就提出告退，进了自己的房间①。（247）除此以外，还有为人类做奴隶的神，被人类雇佣，有的是建筑师②，有的是牧羊人③，还有的被用链条锁起来，囚禁在黄铜杆的监狱里，好像犯人一样④。大凡有理性的人，谁不会勃然大怒，训斥发明这些故事的人，并且谴责那些脑子愚昧到竟然会相信这种故事的人？（248）他们甚至把"恐怖"和"惧怕"⑤也神化了，不对，应该说，把"狂热"和"欺骗"也神化了（他们把那些最糟糕的情感，都拿来变成了神，难道不是吗？），并且劝导希腊的各个城邦向众神中较为尊贵⑥的成员献祭。（249）因此，希腊人民就被迫以一些神为赐福的神，对另一些神则"要躲得远远的"⑦。所以他们尽量摆脱后者，就像摆脱人群中的恶棍一样，为他们做好事，又献上各样礼物，因为他们觉得如果没有向这些晦气的神献上代价，厄运就会降临。

---

① 《伊利亚特》14.312及后面的内容。

② 波塞冬和阿波罗，《伊利亚特》21.442—445。

③ 阿波罗，《伊利亚特》21.448及后面的内容。

④ 泰坦。

⑤ 得摩斯（Deimos）和福波斯（Phobos），阿瑞斯的随从，《伊利亚特》15.119。

⑥ 或"吉利"。

⑦ 希腊语ἀποτροπαίους，相当于拉丁语的 avertentes，意为"避免邪恶的神"。从上下文来看，显然约瑟夫采用了被动的含义，这些神有邪恶的影响，"要躲得远远的"。

立法者对宗教的忽视，是造成这种不道德行为的原因

35. （250）那么，是什么原因导致希腊人对神的观念如此混乱和错谬呢？在我看来，这是因为他们的立法者没有很好地尽到自己的职责，他们对神的真实属性还不了解。而且，即使那些他们能够明白的正确的知识，他们也不能正确地表达，而且无法将他们设立的法规和信仰结合起来。（251）相反，在他们看来，这似乎是最无关紧要的事情。他们允许诗人按自己的意思创作不同的神明，也允许演说者颁布法令，按照他们觉得合适的引进外国人的神明。（252）画家和雕塑家也被赋予很大的权力，希腊人允许他们按自己的想象设计神的形象。有些人用陶土来雕塑，有些人则用图画。其中最伟大的艺术家用象牙和黄金做材料，源源不断地制作新奇的装饰品①。（253）现在，那些曾经声名显赫的神已经变老，这是好听的说法；而那些最新创作的神成为大众敬拜的对象。一些神庙被遗弃，慢慢荒废，根据各自独特的想法，新的神庙正在建造过程中。（254）然而，事实上却相反，希腊人应该把他们对神的信仰和他们奉献给神的尊荣建立在永恒不变的基础上。

---

① 手抄本在这里添加了以下的注释："一些神庙已经完全荒废；那些最驰名的神庙则在修缮过程中被加以各样的清理和净化"，"而那些在它们之后繁荣的神庙则被降低到第二等次"，"所以，正如我们刚才所说的题外话，这些神庙都被废弃了"。

柏拉图的律法和犹太人的律法的相似之处

36.（255）莫伦是一个疯狂的白痴。所有真正拥护希腊哲学的人都非常清楚我所说的，他们也知道那些寓言家凭空想象的东西是没有价值的①。正因如此，他们非常看不起那些寓言家，并且和我们意见一致，要建立一个对神真实而恰当的观念。（256）从这个角度出发，柏拉图声称，没有一个诗人可以被大众接受，甚至把荷马也排除在外，目的就是防止荷马的寓言令有关神的正确教义模糊不清②。当然柏拉图也说了荷马不少好话，给了他很高的赞誉。（257）特别是在两个地方，柏拉图接纳了我们立法者的观点③。柏拉图肯定公民的首要职责就是学习他们的法律，他们必须通悉自己的法律，逐字逐句记在心里。与此同时，柏拉图也警告希腊公民不要随意和外邦人通婚，要保持国家的纯洁，和遵守法律的公民交往④。（258）但莫伦完全漠视这些事实，他谴责我们拒绝接纳其他对神的观念不同的人群，还批评我们不愿和那些选择不同生活方式的人联合。（259）然而这不是我们犹太人特有的风俗；所有的民族都有这样的风俗，不仅普通的希腊人有这样的风俗，连最有名望的希腊人也是如此。

---

① 希腊文"冷淡的"。

② 柏拉图《理想国》3.398 A；对其他诗人的普遍贬斥，参《理想国》2. *sub fin*。

③ 阿里斯托布鲁斯，*ap*. Eus. *P. E.* 13.12。

④ 柏拉图，*Legg.*，特别是 12.949 E 及后面的内容。

拉克代蒙人驱逐外地人

拉克代蒙人有一个习俗，他们会驱逐外地人，而且禁止自己的公民到国外旅游，目的都是为了不让他们的法律受到侵害。（260）我们完全可以责备拉克代蒙人，说他们没有礼貌，因为他们不给任何人权利，成为他们当中的一分子，不给他们公民权，也不给他们居住权。（261）而我们则相反，我们没有欲望和其他民族的习俗比拼，但我们很乐意欢迎任何人接纳我们的风俗。在我看来，这是一种仁慈和宽宏的证据。

雅典人严厉地惩罚不敬虔的行为

37.（262）关于拉克代蒙人，我说得已经够多了。那么雅典人在这件事上的态度如何呢？他们认为他们的城市是向所有人开放的。在这件事上，莫伦一无所知，他也不知道，事实上在雅典人的城市里，谁如果提到和雅典人的法律相抵触的神明，就会受到无情的惩罚。（263）苏格拉底为什么被判了死刑呢？他从未投降敌人，没有背叛自己的城市，也没有掠夺过神庙，这些都不是他被判死刑的原因。实际上，苏格拉底是因为曾经说奇怪的誓言①，而且还自曝（当然，有人说，他是开玩笑的②）

---

① "以狗的名义"是苏格拉底有名的誓言。

② 直译为"以宙斯的名义"。

他和灵媒有沟通①,(264)所以才被定罪,喝毒药处死。控告他的人②还另外给他加了一项罪名,就是把年轻人带坏了③,因为他挑动他们藐视自己国家的宪章和法律。(265)这就是苏格拉底得到的惩罚,他是雅典的公民。阿那克萨哥拉④是克拉佐门尼人(Clazomenae)。但是,由于他坚持认为被雅典人看作神明的太阳只是一团白炽物质的组合,结果差一点被大众判了死刑,幸亏有几个人投了反对票。(266)他们还悬赏一他连得(talent)要弥罗斯(Melos)的狄亚戈拉(Diagoras)⑤的脑袋,因为有人举报他嘲笑雅典人的神话。普罗泰格戈拉(Protagoras)⑥幸亏逃得及时,否则也会被逮捕,而且处死,因为在他的作品中,有一些内容和雅典人的信条相悖。(267)不要因为雅典人这样对待有权柄的人而惊讶,因为他们连妇女都不放过。他们把女祭司尼奴斯(Ninus)处以死刑,因为有人指控她挑唆百姓随从外邦神的信仰,这是希腊人的法律所禁止的;法律规定,若有人引进外国的神明,就要被判处死刑。(268)他们制定了这样的法律,显然他们不相信其他国家的神是神,不然他们就不会拒绝增加自己神明的数目,认为这是一件不好的事情。

---

① 柏拉图,*Apol*,31 D。

② 美勒托(Meletus)。

③ *Apol*.23D.

④ 阿那克萨哥拉(约公元前499—前427年)受伯里克利(Pericles)影响,逃离了自己的国家。

⑤ 和阿那克萨哥拉是同一时代的人,在古代被称为"无神论者"。

⑥ 公元前5世纪的阿布德拉人(Abdera)。他因为写了一本书而受到指控,这本书的开头写道:"要敬畏众神,但是我不知道他们存在还是不存在。"

西古提人和波斯人也会谴责类似的行为

（269）有关雅典人的风俗，就说到这里。令人惊讶的是，即便是西古提人（Scythians），就是那些热衷于杀人，比野兽好不到哪里去的人，也认为他们有职责维护自己民族的风俗。另外，阿那卡尔西（Anacharsis）①虽然凭自己的智慧赢得了希腊人的仰慕，但是回到自己的国家后，就被他的同胞害死了，因为他回去的时候，似乎传染了希腊人的风俗习惯。（270）同样，在波斯也有很多类似的案例，很多人由于同样的原因被处死。尽管如此，莫伦却非常喜爱波斯人的法律，而且对波斯人评价甚高。毫无疑问，这是因为希腊人见识过波斯人的勇气，还有波斯人在宗教信仰上同希腊人保持一致所带来的好处。在后一点上，希腊人有亲身体会。他们亲眼看见自己的神庙被烧毁，因着波斯人的勇猛，希腊人差一点成了他们的奴隶。事实上，莫伦效仿了所有波斯人的习俗，不仅大大地冒犯邻舍的妻子，还阉割了他自己的儿子②。

我们效忠自己的律法

（271）对我们来说，如果人有这样虐待的行为，即便是虐待了野蛮的

---

① 他在梭伦的时代访问了雅典，参希罗多德《历史》4.76。

② 关于波斯的习俗，参希罗多德《历史》6.32。

野兽，也是不可饶恕的重罪①。由于我们有这样的律法，所以没有什么力量可以改变我们，不论是对统治者的惧怕，还是对其他民族所看重制度的羡慕，都不会使我们改变。（272）我们锻炼自己的勇气，不是为了扩张个人权势而去争战，而是为了维护自己的律法。为了击败其他的对手，我们会耐心地臣服。但是，当有压力临到，迫使我们改变典章的时候，我们就会奋起争战，即便力量悬殊也不惜一战，甚至在局势不利的情况下，也会坚持到最后一秒钟。（273）我们有什么必要羡慕其他国家的法律呢，既然连创立这些法律的人也不遵守他们的法律？当然，拉克代蒙人最后还是批评了自己的宪法，认为他们的法律是孤僻的法律，也检讨自己不应该藐视婚姻；他们还谴责埃利斯人（Elis）和提比斯人，因为他们在拉克代蒙人中间行了很多残暴的事。（274）不管怎样，即使拉克代蒙人没有在实际上完全废弃这些法律，他们也不再公开宣认那些他们一度认为非常优秀和有益的做法。（275）然而，拉克代蒙人走得还要远，他们甚至拒绝承认这些事也包含在自己的法律里——这些法律一度受到希腊人重要的影响，以至于拉克代蒙人甚至认为他们的神还有与男人苟合的习惯，另外还允许哥哥和妹妹通婚，以此为他们自己所沉浸其中的违背自然规律的荒谬享乐寻找借口。

---

① 约瑟夫夸大了《利未记》22：24 和《申命记》23：1 的律法，参《犹太古史》4.290 及后面的内容。

其他民族逃避并违背他们的法律

38. （276）在当前的篇幅中，我略过了违背法律的各种惩罚，还有违背法律后的各种弥补方式。大多数立法者在法律的起首部分都制定了这方面的内容——比如人如果犯了奸淫，或者有不道德的婚姻，就要缴纳罚款；或者有人犯了不敬虔的罪，但是却可能存在罪人用来推托或搪塞的各种情况——如果有人不怕费事，想要调查详情的话。（277）今天，事实上大多数国家把违背法律看作是一种美好的艺术。但我们不是这样。尽管有人抢走了我们的财富、城市，还有一切好的东西，但至少我们的律法永远不会改变①。一个犹太人，无论如何远离自己的祖国，无论如何惧怕残酷的暴君，但是他对我们律法的敬畏都远远超过对君王的恐惧。（278）好吧，如果说我们执着于自己的律法和典章，是因为它们非常卓越，那么可以肯定，它们的确是非常卓越。相反，如果有人认为我们如此效忠的律法是不好的，而其他民族的法律比我们的律法更好，那么，如果有人触犯了这些更加卓越的法律，他们受到的惩罚岂不是更加严重吗？

我们的律法经受时间的考验，并且被广泛效仿

（279）通常人们都认为，在任何情况下，"时间"是检验一件事情最好

---

① 参见同一时期的作品，Bar.4.1，"但律法总不改变"。

的试金石,所以,我打算用"时间"来见证我们的立法者,他是最优秀的,他传授教导给我们的有关神的启示也是最优秀的。如果有人把摩西生活的年代和其他立法者的年代相比较,可以看到,摩西的年代非常久远,到现在为止,已经过去了很多年。但是,人们仍然可以发现,(280)纵观摩西以来的所有历史阶段,我们的律法不仅经受了自己民族在实践中的考验,而且还激发起全世界的广泛效仿。

39. (281)希腊哲学家是最先效仿我们律法的人。虽然从表面上看,他们遵守的是他们自己国家的法律,但是他们在行为和思想上,都是摩西的门徒①,他们对神和摩西持有相似的观点,而且也支持简单的生活和人与人之间的友好往来。但这些还不是全部。(282)很长时间以来,希腊的平民大众一直表现出强烈的欲望,想要接受我们的宗教传统,而且几乎每座城市,包括希腊和化外民族,几乎每个国家,都采纳了我们在每个星期的第七天禁戒工作的习俗②,并且遵守我们禁食、点灯③和其他很多饮食上的禁戒。(283)此外,他们还试图效仿我们的团结一致,我们不受拘束地行善,我们在手工艺上的辛勤劳作,以及我们为了我们的律法,甘心忍受逼迫的精神。(284)但是在所有这些事情中,最伟大的神迹就是,我们的律法没有对肉体的愉悦做任何的纵容④,而是通过它自己本身的优点,来实施它的影响力。正如神充满整个宇宙一样,我们的

---

① 参 168 和 257 节。

② 阿里斯托布鲁斯在荷马和赫西俄德的作品中都发现了有关安息日的描写(Eus. *P. E.* 13. 12)。

③ 参 118 节。

④ 参 217 节。

律法在所有的人群中都得到了接纳。每个人看看自己的国家和自己的家庭,认真地思考一下,就会相信我说的话。(285)因此,那些指控我们的人无法谴责全世界,说全世界的人是存心刻薄、心怀恶意,所以才会放弃自己民族那些好的法律,去接纳一个外邦民族不好的法律。尽管如此,他们还是不能放弃对我们的怨恨。(286)为了尊重我们的立法者,并且表示我们对于他有关神的先知性话语的信任,对于这些控诉者的厌恶,我们不做任何傲慢的宣告来为自己辩护。实际上,如果我们不知道自己律法的卓越,我们肯定免不了自傲,因为有这么多人仰慕我们的律法。

简要的重述

40.(287)在我之前的作品《犹太古史》中,我已经详尽地描述了我们的律法和典章。在此,我只是为了本书的目的,在一定程度上提到我们的律法,并不是为了指摘其他国家的法律,也不是为了颂扬我们自己的律法,而只是为了证明,那些诽谤我们的作者,他们实在厚颜无耻,他们是在攻击真理本身。(288)我想,在这部作品中,我已经充分地实现了我在本书开头许下的诺言①。我已经证明,我们的民族具有悠久的历史,但是那些指控我们的人却断言,我们是一个相对现代的民族。我已经提供了很多古代的证人,他们在自己的作品中,都提到了我们这个民族。然而,那些指控我们的人却信誓旦旦地说,没有这样的记录。(289)

---

① 本书 1.2 及后面的内容。

他们还坚持说,我们的祖先是埃及人,有证据表明,我们的祖先是从埃及移民到其他地方的。他们还错误地断言,犹太人是因为身体上的疾病①,被驱逐离开了埃及。(290)但是,从历史中可以清楚看见,我们的祖先是自己选择回到他们的故乡,而且多亏了他们有格外强壮的身体。那些人还谩骂我们的立法者是无名之辈,然而在古代,神亲自为他的美德做了见证,并且自从神的见证之后,时间也为此做了见证。

对犹太人的高度评价

41. (291)我没有必要再详尽述说我们的律法。只要稍微看一眼,就可以发现,我们的律法教导的不是对神的不尊敬,而是对神最真实的敬虔。我们的律法劝导人们不要恨自己的同胞,而是要彼此分享所拥有的,并教育人们要抵制不公义的行为,而对公义的事情要一丝不苟。另外,绝不可以过懒惰而奢华的生活。律法还教导人们要靠自己努力,有目标、有愿望地工作;(292)不要为了征服其他民族而发动战争,但却要英勇地护卫律法,严厉地惩罚触犯律法的行为,不要被刻意的言语欺哄,总要用行为来证实。(293)因为行为是我们亘古不变的见证,比任何文件都要直接。因此,我愿意斗胆声称,我们为世界上的其他民族或国家提供了很多非常美好的构想。还有什么比不能亵渎的律法更美好的呢?还有什么比顺服律法更加公义的呢?(294)还有什么比彼此和睦相处更加有益呢?在遭遇不顺的时候,不要轻易和别人分裂;在繁荣昌盛的时

① 或"身体的污秽"。

候,也不要骄傲自满或分派结党。在战争的时候,要轻看死亡;在和平的时候,要努力做工或农耕。而且要相信,宇宙中所有的事情都在神的看顾和带领之下。(295)如果在我们之前,已经有人撰写了这些观点,而且比我们更忠实地遵守这些律法,那么,我们应该感激他们,承认我们是他们的门徒。然而,如果有证据显明,没有哪个民族能够比我们更好地遵守这些律法,而且,如果我们能够证明,我们是第一个发明这些律法的人,那么那些支持阿皮安或莫伦的人,以及所有热衷于撒谎和毁谤的人,就只能证明他们自己是混乱的。

致辞

(296)以巴弗提大人,你是一个热爱真理的人,我把这本书和之前的书呈献给你,以及其他像你一样,希望了解我们民族真相的人。

图书在版编目(CIP)数据

驳阿皮安/(古罗马)约瑟夫(Flavius Josephus)著;吴轶凡译.
—上海:上海三联书店,2023.3
(约瑟夫著作全集)
ISBN 978－7－5426－6117－3

Ⅰ.①驳… Ⅱ.①约… ②吴… Ⅲ.①犹太人－民族文化－
研究－古代 Ⅳ.①K18

中国版本图书馆 CIP 数据核字(2017)第 268469 号

驳阿皮安

著　　者 / 约瑟夫
译　　者 / 吴轶凡
审　　校 / 黄锡木

策　　划 / 橡树文字工作室
特约编辑 / 刘　峣
责任编辑 / 邱　红
装帧设计 / 周周设计局
监　　制 / 姚　军
责任校对 / 王凌霄

出版发行 / 上海三联书店
　　　　　(200030)中国上海市漕溪北路 331 号 A 座 6 楼
邮　　箱 / sdxsanlian@sina.com
邮购电话 / 021－22895540
印　　刷 / 上海颛辉印刷厂有限公司

版　　次 / 2023 年 3 月第 1 版
印　　次 / 2023 年 3 月第 1 次印刷
开　　本 / 890 mm×1240 mm　1/32
字　　数 / 120 千字
印　　张 / 5.25
书　　号 / ISBN 978－7－5426－6117－3/K・440
定　　价 / 58.00 元

敬启读者,如发现本书有印装质量问题,请与印刷厂联系 021－56152633